# EL BIEN COMUN ES LA CLAVE

*Héctor Camilo Galindo Castelblanco*

## Introducción

En estos tiempos donde se ve que la brecha entre ricos y pobres está al límite, y en donde los gobiernos a nivel mundial no han podido satisfacer de forma sostenible las necesidades humanas básicas como lo es la educación, alimentación, empleo, recreación entre otras, junto con la necesidad de conservar el medio ambiente; muchas personas hemos insistido en la necesidad de un nuevo sistema social más humano y sostenible.

Con motivo del problema citado anteriormente me propuse la tarea  de redactar un libro con ideas básicas para mejorar la vida de muchas personas sin afectar el medio ambiente, esto fue  difícil ya que lograr esto ha sido desde el principio de los tiempos la lucha de muchos, algunas veces lograda otras no, y si son logradas caemos de nuevo en la trampa de la historia, cometemos los mismos errores del pasado y regresan los factores que perjudican la sociedad.

Después de haber estudiado por mucho tiempo a muchas culturas, formas de gobiernos y personajes que cambiaron la historia como Confucio, Jesús entre otros; descubrí que la mejor forma de lograr un mundo mejor en todo sentido es por medio de un ¨bien común¨.

El Bien Común es el factor que toda persona debería aplicar en su vida para que esta sea más prospera y feliz, una persona que aplique en su vida en bien común con amor podrá mejorar en gran medida a su sociedad, pues no más con sus actos estaría llenando de alegría esta sociedad y sería un gran ejemplo de la maravillosa vida que se puede tener si realiza el bien común, por lo tanto podemos asegurar que si solo una persona que realiza el bien común mejora enormemente la sociedad, si todas las personas realizáramos el bien común nuestra sociedad seria perfecta, por ello decimos ¨el bien común es la clave¨.

Esta libro presenta ideas básicas de cómo si se aplica el Bien Común en la vida personal, social y hasta nacional; se lograra un mejor mundo, faltan muchos otros factores sociales que no están en el libro, pero estoy seguro que cada persona que aplique el Bien Común en su vida los descubrirá por si solo así como muchos lo hemos hecho y podrá hallarme la razón al afirmar que el bien común es la clave para una mejor vida y un mejor sociedad.

Este libro se elaboró con el propósito de mejorar la vida de quienes lo lean y lograr el poder del contagio que es que cuando alguien lo lea, aplique el Bien Común a su vida y esta mejore, muchos tomen su ejemplo y llegue al punto de que toda una nación aplica el Bien Común como algo natural, es algo que suena utópico, pero que podría darse si cada uno de nosotros comenzamos realizar el bien común en nuestras vidas con amor y voluntad.

Este libro no tendrá una conclusión final, pues solo cada persona podrá darle una conclusión cuando aplique a su vida diaria el bien común de la mano con el amor hacia su prójimo y entorno, pero les aseguro que cuando apliquen el bien común a su vida de forma sincera y con amor ustedes serán felices sin importar nada.

# Tabla de contenido


I.     Abramos la Mente.

II.     Religiones y Creencias en nuestra Sociedad.

III.     Jóvenes el Motor de la Sociedad.

IV.     El medio ambiente, responsabilidad de todos.

V.     Calidad de vida, el propósito de Gobiernos y Personas.

VI.     Igualdad, bien interpretada.

VII.     Educación para todo factor.

VIII.     Justicia y Leyes.

IX.    El Comercio.

X.     Recreación para dar prosperidad.

## Capítulo 1

### Abramos la Mente

*Este capítulo es indispensable para entender este libro, pues nombraremos muchos aspectos calvez para lograr nuestras metas individuales y colectivas, que tienen que ver con el cambio de paradigmas que poseemos que nos fueron dados por esta sociedad y que para tristeza de muchos no son los mejores que puedan haber, por ello es que muchas personas no pueden lograr ser felices.*

*Para lograr generar un cambio social en nuestra sociedad primero debemos cambiar de mentalidad, deshacernos de toda escusa o creencia que nos impida ser mejores, lograr grandes propósitos y ser felices, una vez nos deshagamos de esas creencias podremos luchar por nuestros lo que amamos y a la vez mejorar nuestra sociedad.*

*Abrir la mente es el primer paso para lograr que tengamos una mejor vida en todo sentido, para lograr ser ejemplo para otras personas, ser felices, para teneramor por nuestra vida y lograr un cambio social alrededor de nuestro entorno; por todo esto mencionado anterior mente es primordial que aprendamos a abrir nuestra mente.*

**No más Paradigmas falsos:**

El primer paso para que logremos ser mejores y realizar nuestros propósitos es deshacernos de las barreras mentales que nosotros mismos nos imponemos o algunas veces personas cercanas a nosotros nos las imponen así no lo hagan con mala intención, estas barreras son paradigmas que están en nuestro entorno y que tendemos a creerlas porque la mayoría de la sociedad las cree.

Por paradigmas  falsos estamos hablando de límites que nosotros mismos nos imponemos, como decir que nunca saldremos de la pobreza, nunca habrá igualdad,  no podemos realizar alguna cosa, nacimos estrellados, entre muchas otras, estos paradigmas son los que hacen que la mayoría de la sociedad no progrese y que no pueda ser feliz, por ello es que son tan perjudícales y tenemos la necesidad de no creer en ellos, solamente debemos acoger paradigmas en nosotros que nos ayuden a ser mejores, a lograr nuestros propósitos y a ser felices.

Los paradigmas limitantes solamente los creamos los seres humanos, no nos impongamos estos paradigmas limitantes que son los que crean una persona y sociedad pobre, por el contrario creamos en una nueva especie de paradigmas que nos ayuden a lograr una mejor vida en todo sentido, donde seamos felices y ayudemos a otros a lograr lo mismo.

Podemos ver  muchos casos que muestran que estos paradigmas no son ciertos, como el éxito que tuvo Steve Jobs al desarrollar la empresa Aplee, muchos en un principio decían que era una locura creer que ese proyecto funcionaria, y hoy esa empresa es la pionera en el mercado tecnológico mundial, esto es fiel muestra de que si tenemos fe en lo que realizamos y lo hacemos con amor podremos lograrlo, los paradigmas solo se vuelven ciertos si tú decides creerlos, pero si no las crees no te afectaran en nada por más que los crean en la sociedad.

Nuestra mente siempre necesitara tener paradigmas, pues son los paradigmas los que rigen el mundo, así que reemplacemos los paradigmas falsos por otros paradigmas que nos ayuden a disfrutar la vida y a mejorar el mundo, que nos den animo de seguir nuestras metas, que nos ayuden a querernos más como personas, que nos ayuden a tener una actitud exitosas que contagie a otros; Si tenemos un paradigma que nos ayuda a creer en que podemos mejorar nuestra vida y la de los que nos rodean, podremos realizar los actos indicados para lograr esto.

**Cree en ti mismo:**

Todos los seres humanos tenemos inteligencia, cada uno de nosotros tiene talentos únicos que nos permiten sobresalir, pero  todo esto se pierde cuando no creemos en nosotros mismos, no creer en nosotros mismos es el gran causante de nuestros males, es lo que nos hunde en desdichas y problemas, si no creemos en nosotros mismos jamás podremos disfrutar del amor ni ser felices, por ello debemos tomar la decisión de creer en nosotros mismos sin importar circunstancias.

Para que podamos creer en nosotros mismos debemos amarnos y respetarnos, mirar que tenemos un potencial único que debemos aprovechar, que nuestras derrotas no son el fin de un proyecto sino un aviso de que debemos que mejorar, que sin importar las circunstancias ni el tiempo somos nosotros quienes le damos sentido a nuestra vida, si logramos esto de seguro podremos creer en nosotros mismos y por ende disfrutar de la vida y lograr cualquier cosa que nos propongamos.

Si no creemos en nosotros mismo nadie más lo hará, la desaprobación más grande que hay  y la única que nos puede perjudicar es la que nosotros mismos nos imponemos, quien no cree en sí mismo tendrá problemas de amor y respeto así mismo; cuando nos respetamos y nos amamos la desaprobación de otros no nos afectara  en nada.

Todos tenemos la misma capacidad pero solo quienes creen en ellos mismos logran sus metas, cuando creemos en nosotros mismos no hay creencias sociales, barreras u obstáculos que no podamos superar, podemos lograr todo lo que deseamos si creemos en nosotros mismos y estamos dispuestos a realizar todo con amor.

**No hablemos ni pensemos mal de otros:**

Una de las causas de los males de la humanidad es el hablar mal unos de otros, esto nunca será bueno para ninguna persona ni sociedad; debemos ser cocientes que cuando hablamos mal de otros solo nos perjudicamos nosotros mismos, nos atormentamos con sentimientos negativos como envidia, odio, ira entre otros, no concentramos nuestras energías en las cosas que nos convienen y solamente nos sumergimos en malos sentimientos que nos harán infelices.

Existen muchas causas para que hablemos mal de otros, pero lo más increíble es que la mayoría de las veces lo hacemos no porque nos hayan perjudicado, pero así nos hallan perjudicado, ablando mal de ellos no lograremos nada, además muchas veces mejoramos enormemente irónicamente gracias a esas personas que trataron de perjudicarnos; lo mejor es no tener malos sentimientos hacia nadiepues una de las principales razones por lo que les ha ido mejor en la vidaa quienes siguieron su vida sin tomar venganza alguna ni llenarse de rencor es porque se dedicaron a hacer su vida y alcanzar sus metas sin competir con otros, ni mirando el éxito de otros como una maldición para ellos.

Es cierto que hay casos en los cuales personas nos perjudicaron en un momento y ello nos deja un recuerdo de por vida que nos puede marcar, pero lo cierto es que los sentimientos negativos hacia estas personas no cambiaran las cosas, el pasado es pasado y  no determina nuestro futuro, el presente es el único tiempo en que debemos concentrarnos para tener el futuro soñado; evitemos los malos pensamientos hacia estas personas del pasado, quizás estas personas pasaron por nuestra vida para enseñarnos algo que no debemos hacer, no pensemos en ellos, mejor pensemos en cumplir nuestras metas inspirados por nuestros seres queridos, por nuestro amor a nosotros mismos y nuestro amor por las cosas que queramos realizar.

Evitemos todo lo que tenga que ver con hablar y pensar mal en otros, concentremos nuestras energías en lograr nuestras metas, nosotros tenemos el poder de cambiar nuestro entorno, alegrémonos del éxito de otros y aprendamos de ellos en lugar de envidiarlos.

**Mirar los problemas como oportunidades para mejorar:**

Es natural que siempre hayan problemas pues estos son necesarios para mejorar muchos aspectos en la vida, por lo que podríamos decir que los problemas son oportunidades para mejorar, sin embargo la influencia de los problemas en la sociedad depende de cómo los percibimos, hay dos maneras de percibirlos, una es la cual casi siempre usamos es donde nos desesperamos con el problema dejamos que nos domine y nos dificulte nuestra vida, la otra tomar es ver el problema como una oportunidad, analizarlo desde su punto de origen cambiándolo y finalmente solucionándolo de paso con mejoras en donde se presentaba, es así como podemos lograr grandes proyectos con los problemas que se nos presentan.

Siempre se nos presentaran problemas, para lograr que estos se vuelvan oportunidades para nosotros, debemos tener dentro de nosotros confianza, optimismo, calma, entusiasmo, coraje y muchos otros valores, además de siempre aprender de los problemas que hayamos tenido en el pasado para poder solucionar de forma eficaz problemas parecidos en un futuro.

El mundo siempre tomara la forma como lo vemos, miremos todo problema como una oportunidad para mejorar el sistema en el cual se presenta, a veces "nos ahogamos en un vaso de agua", enseñémonos a no mirar el mundo con una cantidad interminable de problemas, sino con una cantidad interminable de oportunidades para mejorar, así nunca tendremos nada que nos impida lograr grandes propósitos.

**Nuestro aporte al desarrollo de nuestro entorno:**

Muchos de nosotros pasamos por momentos donde nos sentimos solos, esperando que lleguen amistades a nuestra vida, pero no hacemos nada para socializar con otros; esto se debe cambiar pues nosotros tenemos el poder de ser líderes de nuestra sociedad, de hacer muchos amigos verdaderos y muchos más, pero para esto necesitamos dar un aporte nuestros a nuestro entorno.

"Muchos desean tener amigos, pero pocos se esfuerzan por ser uno", así que si deseamos tener amigos verdaderos deberíamos primero ponernos la tarea de ser nosotros verdaderos amigos, aportando  desarrollo de nuestro entorno así lograremos ganar amigos, aprecio, amor y respeto de nuestra sociedad, además que nuestros actos dejaran un legado y un ejemplo de vida.

Nuestra sociedad siempre necesitara de muchas cosas, todos podemos aportarle a ella y no necesariamente con recursos económicos o materiales, podemos aportarle grandes cosas solamente dando lo mejor de nosotros con voluntad y amor, haciendo lo que hacemos de manera honesta y con los demás valores , ase le aportaremos a nuestra sociedad soluciones no problemas.

Si a todas las personas les naciera el deseo y la voluntad de aportarle a su sociedad, esta se ahorraría varios problemas y conflictos, pero si cada uno de nosotros empezamos a hacer esto, esto podría ser posible algún día,  muchos dicen que quien da su vida por los demás es la persona más feliz, y es cierto ya muchos lo hemos comprobado, así que lo mejor para poder disfrutar de nuestra vida es que aportemos al desarrollo de nuestro entorno pues así también creceremos nosotros en todo sentido.

**No caigamos en la trampa del trabajo:**

En nuestra sociedad actual una creencia de las que más influyen en forma negativa es el pensamiento de trabajar duro para poder tener las cosas que necesitamos, esta creencia es la responsable de que las personas toleren un trabajo forzoso que no les guste, que nunca manifiesten su inconformismo por ello y que no disfruten de la vida como debería ser.

No es más rico el que más tiene, sino el que menos necesita, algunas veces pensamos que necesitamos cosas para disfrutar la vida pero en realidad no las necesitamos, esto es una de las causas para que los  pobres sean cada vez más pobres y los ricos más ricos, la mayoría de las personas se esclaviza trabajando por cosas que no necesita y se olvida de lo que es verdaderamente importante como el amor.

Debemos tomar conciencia de lo que de verdad necesitamos y de lo que no, siempre que tomemos una decisión de cualquier índole es necesario tomarse un tiempo de reflexión sobe ello y decidir si de verdad es lo que se quiere, debemos aprender a valorar las cosas simples de la vida como una amistad verdadera, el amor, la naturaleza por encima de las cosas que en principio creemos que son importantes pero que en realidad no lo son como los bienes materiales o el dinero.

Es lamentable el hecho la sociedad por medio del consumismo fomenta que caigamos en esta trampa, que hasta los gobiernos incentivan el endeudamiento para que nos endeudemos por mucho tiempo por adquirir bienes y servicios inútiles; sería bueno que los estados dejaran de incentivar un consumismo que solo perjudica al consumidor y al medio ambiente, pero mientras eso sucede debemos aprender cada uno de nosotros a controlar nuestros deseos materiales, para así no tener que pagar consecuencias por ello en nuestro futuro y podamos ser felices sin necesidad de sentir apego a alguna cosa material.

### *Reflexión Final*

*Para lograr que nuestra vida mejore y aportemos a una mejor nación debemos eliminar todo paradigma falso y así mismo ayudar a otros a eliminarlas, ya que los paradigmas falsos son los que han parado el progreso humano e impedido que la mayoría de personas en esta sociedad logren ser felices.*

*Es importante también que creamos en nosotros mismos, la falta de fe en nosotros mismos es otro impedimento en el avance de la humanidad y nuestro avance personal, todos nosotros tenemos algo para aportarle a nuestra comunidad pero solo quienes logran tener fe en sí mismos lo logran aportarle grandes cosas a su sociedad.*

*No concentremos nuestras energías en odios y envidias hacia otros, preocupémonos por nuestras cosas y dejemos el pasado en pasado, eliminemos todo sentimiento negativo en nuestra vida y más bien concentremos nuestras energías en mejorar cada día para así poder contribuir a mejorar nuestra sociedad.*

*Seamos creadores de soluciones y no de problemas, no nos dejemos ganar por los problemas, saquémosles provecho y transformémoslos en oportunidades, recuerda que ellos influyen en nuestra vida según la forma como los percibimos.*

*Como decía Jesús, nosotros hemos nacido para servir a nuestro prójimo, aprendemos a hacerlo con placer y con amor, recordemos que somos únicos y así mismo lo que realizamos, tenemos mucho que dar a otros y seamos felices sirviendo a nuestro prójimo.*

*Evitemos otro de los factores que crean mediocridad e indignación en toda nación, caer en la trampa del trabajo y del consumismo; el que verdaderamente sabe que necesita es el más afortunado, no quien acumula más riquezas en su vida.*

**Capítulo 2**

**Las Religiones y Creencias en nuestra Sociedad**

*Como hemos visto en el capítulo anterior, nuestra sociedad se rige por paradigmas que llevan a creencias, de ahí la importancia de las religiones en la sociedad pues estas han guiado y aun guían a muchas personas en sus vida, por ello necesitamos hacer que estas sean beneficiosas para lo sociedad y no motivo de conflictos ni atraso social.*

*Todos en esta sociedad tenemos creencias que guían nuestra vida,  las religiones son parte de estas, pero para que estas creencias sean provechosas para nosotros debemos mirar lo mejor de ellas y evitar lo malo de estas, pues lastimosamente la humanidad ha cometido muchos errores en la historia por culpa de algunas cosas de las religiones.*

*En este capítulo hablaremos de cómo hacer que las religiones sean provechosas para nuestra vida sin que estas sean perjudiciales para nosotros.*

**Que es Dios para la sociedad:**

Casi todas las religiones creen en uno o más dioses, en casi todas lo describen como el creador del universo y la vida, en la mayoría de religiones monoteístas Dios es un ser un ser supremo, omnipotente, omnipresente y omnisciente; creador, juez, protector y en algunas religiones, salvador de la humanidad.

La creencia en un Dios nació como una respuesta al origen del universo y todo lo que lo compone, además para que el hombre no se sienta solo en el universo, las religiones y muchas culturas usaban a Dios como un calmante para el pueblo, como algo para intimidarlos a obedecer al estado y a su religión, además de bloquear cualquier pensamiento que no fuera con la religión y el estado, impidiendo muchos avances en todas las ramas de una sociedad, por esto es que en muchas partes de este mundo las religiones han perdido el papel importante que tenían y han surgido varios pensadores en contra de estas.

Todas las religiones coinciden en que los que sigan las leyes de dios serán recompensados en esta o en otra vida, lo cual animaba a muchos a seguir estas leyes, así que también se podría decir que el temor y respeto a dios ayuda a evitar males en la sociedad, pero esto justifica que las religiones deban usarcé para atemorizar un pueblo, pues lo ideal de las religiones seria que sirvieran para guiar a una sociedad en pro del bien común y de la felicidad, no para abusar de este.

Muchos gobernantes se relacionaban con dios de muchas maneras, algo que impedía el levantamiento de su pueblo contra ellos, esto está mal, pues creer en una religión que introduzca la idea en una sociedad que hay personas superiores de una u otra forma en la sociedad es un motivo de atraso en cualquier sociedad, por lo contrario las religiones deben dar la idea de que todos en esta sociedad tenemos los mismos derechos y deberes con otras personas y que por lo tanto todos somos iguales y no hay alguien que sea superior a los demás.

La imagen de Dios generalmente es usada para guiar las personas en la vida, algunas veces para bien de la sociedad y las mismas, otras por intereses de unos pocos; por ello es importante que cada persona se haga una idea independiente de lo que es Dios y sepa que distinguir entre predicadores y cultos para no caer en la trampa de los que predican por intereses particulares y para que pueda aprovechar en gran medida sus creencias religiosas.

**Dios es Amor:**

Independientemente de las creencias religiosas que tengamos, ellas deben ser más que creer en un ser sobrenatural, estas deben ser para guiarnos en la vida con ciertas normas y valores, y que estos valores y normas sean en pro de un bien común, pero no solo nuestras religiones deben guiarnos a un comportamiento de vida adecuado, estas deben guiarnos para que podamos lograr la felicidad que tanto deseamos.

Es triste que hayan personas que crean en un dios no por querer ser guiados en la vida, sino por temor por sus actos, si una persona es devota a una fe por temor a un dios, esta persona será muy débil y fácil de manipular, además que no podrá ser feliz, independientemente de la religión que cada quien profese debe tener bien claro que dios es amor y por ende si realizamos todas nuestras labores con amor ya sea con amigos o extraños, dios siempre estará con nosotros; si no creemos que dios es amor es mejor que no creamos en él.

Si logramos amar a todo lo que compone nuestro mundo incluyéndonos nosotros mismos, así sean personas  desagradables o lugares turbios, nuestra vida será prospera y feliz en cualquier parte, pues la percepción que tenemos de la vida es causa más que todo por nuestros sentimientos, pensamientos y comportamientos más que por nuestro entorno o las personas con las que convivimos, por ello se puede asegurar que quien ama a sus semejantes y al mundo es la persona más feliz, pues es el amor la basa de las mejores cosas en esta sociedad.

Cuando hacemos algo con amor somos imparables, por esto es que el amor es la fuerza más poderosa del universo y por ende dios es amor, el amor es lo que debemos colocar en cada cosa que realicemos para que estas prosperen, pues si no ponemos amor verdadero en lo que realicemos en nuestra vida jamás podremos disfrutar de la vida.

El amor encierra todas las virtudes que nos hacen felices, por ello debemos amar a todo en absoluto, pues si no ponemos algo de amor en lo que hacemos sentimientos como el odio o la ira se apoderaran de nosotros haciéndonos personas no gratas para nadie e infelices, solo el amor nos librara de las malas virtudes.

Sin importar nuestras creencias siempre debemos amar lo más posible, pues el amor es la calve para una vida mejor, de hecho el amor debería ser el tema más enseñado pues este es la base para que toda persona pueda ser feliz en su vida sin importar adversidades y para que pueda realizar el bien común en su vida siendo alegre con esto.

**Las Enseñanzas de pocos que muchos Difaman:**

Todas las religiones tienen sus profetas o enviados de Dios, dichos más allá de hablar de un dios, enseñaron cosas importantes para una convivencia social ideal, como trabajar por el "bien común", respeto, amor, tolerancia, honestidad y más valores de una persona a su comunidad.

Pero desafortunadamente siempre hay gente que se encargan de que se mal interpreten a estos sabios u los olviden, dichas personas son las responsables de él porque decaen religiones y de cómo esclavizar a la comunidad por medio de Dios y los nombres de estos profetas, por ello es importante que aprendamos a estudiar detalladamente a los promotores de la religión que creamos indicada y aprender de ellos lo que creamos conveniente, para que nadie pueda engañarnos usando el nombre de estos profetas.

Dichos profetas no les importaba el número de seguidores que tuviesen, ni los lujos que tuvieran, a ellos solo les importaba el bienestar de su comunidad, de hecho, decían que para que un hombre fuera feliz debía renunciar a todo lo material y dedicarse a servir a su pueblo, todos coincidían en ese punto como un claro ejemplo de esto es Jesús, Mahoma, Confucio, entre otros, lo que muestra que pelear por una religión es absurdo, ya que todas van encaminadas al mismo fin el bien común como base para una sociedad perfecta.

Por ello es importante que cada persona se haga una idea independiente de lo que es Dios y de cada profeta que sigue vivo o muerto, para no caer en la trampa de los que predican por intereses particulares y no ser esclavizado por sus creencias, solamente así podremos aplicar bien las enseñanzas de grandes profetas como Jesús que solamente querían lo mejor para el mundo por medio de un bien común.

**¿Qué nos sirve de las religiones?:**

Las Religiones siempre tendrán cosas buenas y malas como todo, pero es responsabilidad nuestra decidid que tomar de estas, no miremos como se usaban y  si seaun usan para controlar alos pueblo, miremos como podemos aplicar las enseñanzas de maestros como Buda o Jesús en nuestras vidas para lograr la vida que tanto queremos, una vida llena de amor y alegría, esto no es fácil pero son muchos los ejemplos en la historia de que esto puede ser posible como Mahatma Gandhi o la Madre Teresa de Calcuta, si todos iniciamos este cambio la sociedad tendrá un mejor sistema social en general.

Son esas cosas tan simples en la vida de las personas como la aplicar los valores éticos y aportar al desarrollo de su comunidad y entorno lo que hacen al hombre ser un ser feliz e íntegro, no los conocimientos que tenga, pues al final siempre nos damos cuenta que no sabemos nada, eso es una de la enseñanzas de los grandes sabios, podríamos decir que es una ley universal en todos sus enseñanzas y por ello debemos aprender de estos a ser personas con valores éticos, emprendedoras y solidarias para que seamos mejores cada día y contribuyamos a un bien común.

Las religiones también nos enseñan  como las personas que siempre le hacen el mal a sus semejantes y a la naturaleza terminan pagando por sus crímenes tarde o temprano, que las cosas que perjudican a los demás son las que carcomen la paz interna de cada persona y lo conduce a la infelicidad, como hemos dicho antes todos los creadores de las grandes religiones coinciden en este principio, por ello debemos aprender a ni siquiera pensar en realizar el mal a nuestros semejantes ni a nuestros entorno, por lo contrario debemos contribuir a un bien común.

Una enseñanza de las principales que nos han dado maestros espirituales que más puede ayudarnos en la vida a ser felices es lograr un desapego por las cosas materiales,  hoy en día donde la sociedad es pro consumista, es una enseñanza que a todos puede sernos de gran ayuda, pues pareciera que el mundo nos vende la idea de que para ser felices y tener una vida prospera necesitamos poseer varios bienes materiales, la verdad es que esto nunca será así, debemos ver que las cosas materiales nos pueden ser útiles pero si nos apegamos a ellas después sufriremos a causa de ellas, debemos aprender a ver que las cosas que más hacen feliz a una persona en la vida no se pueden comprar con dinero, que solo se obtienen solo teniendo una actitud amorosa y alegre de nuestra parte hacia nuestros prójimo y todo lo que compone nuestro entorno.

También nos enseñan como malos sentimientos como la ira, venganza, cólera, avaricia, entre otros son naturales del hombre, pero que debemos dominarlos para tener una vida feliz con nuestros semejantes y nuestro entorno, como debemos ignorar esos deseos que solo amargan la vida y concentrarnos en los que de verdad nos hacen crecer como personas como el amor, pues si no es así los malos sentimientos dominaran nuestra vida y agotaran todo lo que nos da dicha en la vida.

Imagínense como seria la sociedad si todos en el mundo siguieran estos parámetros, suena algo imposible, pero quizás algún día la humanidad lo pueda hacer y así logre un sistema social donde cada quien pueda ser feliz y practicar el bien común, estos parámetros son los que personalmente vemos como buenos en las religiones y pueden haber más.

**¿Qué debemos sacar de las religiones?:**

Grandes pensadores han estado en contra de las religiones por varias razones, como por cerrar mentes o bloquear el avance de la ciencia, aspectos que en la sociedad occidental perduraron por siglos, estos aspectos a simple vista todos nos damos cuenta que deben se sacados de la religión, pues las leyes de toda religión siempre predican que se debe respetar y tolerar a los otros, así piensen distinto, cosa que algunas personas que en estos tiempos predican pero no aplican, por lo que  es necesario que todos en la sociedad independientemente de sus creencias religiosas respeten los pensamientos de los demás para que así nadie intente censurar o impedir los actos de otras personas.

Un aspecto que se debe quitar de las religiones, es la falsa creencia de que para tener una creencia o culto se deba hacer en masa; pues se puede tener una creencia individualmente y si la persona quiere algo en grupo esto debe ser bajo su voluntad, no por presión de otros.

La intolerancia entre religiones es algo absurdo porque todas son encaminadas al mismo fin un bien común para toda la sociedad, por lo que todas las personas creyentes a una fe o no deben tolerarse por encima de todo, pues nunca una sociedad será completamente igual, siempre habrán diferencias entre todos sus habitantes, pero es gracias a la tolerancia que esa sociedad prospera y no cae en un gran caos, por ello es indispensable acabar con la intolerancia de creencias en la sociedad.

Todas las religiones predican las mismas cosas, todos los que iniciaron las religiones coincidieron en lo mismo, pero  cuando las creencias se ven controladas por alguien mal intencionado, todas estas enseñanzas se difaman, por ello es importante saber elegir a quien seguir, pues toda persona que amerite ser ejemplo de vida de forma transparente y sincera puede llamarse predicador o maestro, pero tristemente en esta sociedad se ve cada día como muchos se hacen llamar predicadores para engañar a su comunidad, por ello es indispensable que cada persona religiosa desarrolle su concepto personal sobre su religión y no crea solamente lo que dice el predicador de su confianza.

Cuando veamos otras culturas con creencias diferentes no intentemos crear conflicto con ellos ni hacer que crean lo mismo que nosotros, miremos que tenemos en común e intentemos lograr un aprendizaje mutuo, pues es así como progresa la sociedad no con violencia de cualquier clase.

La modernidad ha chocado en el último siglo en gran forma con las religiones, por modernidad no me refiero a ciencia, sino a las modas de cada generación y a los avances tecnológicos que van cambiando e innovando cada vez más, una persona es libre de expresarse de todas formas y de acceder a los avances de su entorno las religiones deben entender esto,  pues una religión debe educar a sus feligreses sobre los temas éticos en su vida personal y social, pero deben respetar la libertar de expresión de sus feligreses, pues lo ideal es que las religiones ayuden a mejorar a sus feligreses como personas no a estancarlos en un atraso social.

Para acabar este segmento, el tema con el cual chocaron más los feligreses con las religiones cristianas en el caso de occidente y que aun a pesar de nuestra época es controversial para algunas sociedad, si una pareja puede tener relaciones sexuales antes de unirse por medio de un matrimonio,  para nosotros los jóvenes de esta época creemos que si se pueden tener, desde que sea de forma responsable y respetuosa entre la pareja, pues en mi opinión persona los seres humanos debemos conocer a nuestras parejas en todo lo que lo que la componen antes de decidir vivir con ella de por vida.

**Es viable usar las religiones en la política:**

Es claro que desde el comienzo de la civilización, la religión ha tenido un importante papel en las distintas formas de gobierno, muchos en la actualidad dicen que la religión ya no afecta un estado u gobierno, pero es indudable que aun afectan nuestras políticas actuales, aunque líderes religiosos como Jesús decían que la religión no debe mezclarse con la política y algo que le da razón es la forma como la iglesia católica abuso de su poder político en la edad media, pero también han habido casos de que combinar la religión con la política ha dado excelentes frutos como es el caso de Confucio o Mahatma Gandhi.

La religión como tal puede aportar a la educación  ética en la sociedad, educando a las personas de todas las edades, con los valores básicos en pro del amor para una persona y que la sociedad trabaje  por un bien común, porque en la sociedad todas les personas deben tener los valores éticos para asegurar su éxito, si esto no se logra no importa que forma de gobierno haya si derecha o izquierda, comunista o capitalista, liberal o conservadora, todo estado tendrá un inevitable fracaso pues son los valores la base de la para la prosperidad de una persona o de su sociedad.

La religión también es viable en una sociedad cuando ayuda a educar a las personas para que tengan una vida armoniosa sin hacerle daño a nadie, pues enseñar esto es fundamental para evitar que hallan crímenes en toda sociedad, pero a todas las personas por igual, incluyendo a los dirigentes de la sociedad y los propios predicadores, no como se hacía antes en las antiguas civilizaciones. Claro está que los encargados de guiar al pueblo espiritualmente deben ser conscientes de que su poder llevar a una gran responsabilidad y saber decir que es el verdadero mal, no manipular este concepto.

Miremos las ventajas que hay en una sociedad cuando alguien es espiritual:

Alguien espiritual no necesariamente tiene que seguir una religión, puede desarrollar su espiritualidad renunciando a los deseos y tentaciones que hay en nuestro mundo además de contribuir con su sabiduría y sus actos al bien común, quien desarrolle la espiritualidad en su ser tendrá una paz interior y una felicidad que no se desestabilizara por malas circunstancias o malos actos de envidiosos.

Los sabios que logran desarrollar una buena espiritualidad son los mejores líderes que puede tener una sociedad, pues ningún poder los corromperá, nada hará que pierdan su visión clara de la justicia, sabrán cómo lograr acuerdos "ganar ganar", realizaran su trabajo por amor a su prójimo y no por intereses personales entre muchas otras más virtudes que un líder espiritual puede tener; en toda la historia de la humanidad sea demostrado que cuando un líder espiritual toma las riendas de una nación como tal esta obtiene un gran progreso como por ejemplo el desarrollo del imperio chino durante la gobierno de Confucio o la independencia india con el liderazgo de Gandhi.

La espiritualidad y la política si pueden ir de la mano y un líder que entienda esto y logre ejecutarlo con eficacia no se arrepentirá de esto, esta es una excelente ayuda para un orden social en pro de un bien común.

### *Reflexión Final*

*La religión siempre afectara a la sociedad y al ser humano de manera individual, así la persona se haga llamar ateo, siempre creerá en algo y por lo tanto también tiene una creencia o fe que guiaran en cierta forma su vida.*

*No se puede luchar con la religión con ciencias exactas, estas luchas nunca han beneficiado a ninguna de las partes e impide el progreso de ambas, lo mejor es que la sociedad aprenda a aprovechar ambas para el desarrollo de la sociedad,pues si los religiosos y los científicos se respetan mutuamente, pueden trabajar de la mano ya que ambas tienen el mismo propósito mejorar la vida del ser humano.*

*Las creencias deben respetarse con otras creencias, discordias y desacuerdos hay en todas las sociedades, pero si hay tolerancia no habrá nada que genere divisiones en la sociedad,las religiones no deben aportar a divisiones sociales, por lo contrario deben promover la tolerancia y la igualdad.*

*En conclusión las creencias y religiones siempre estarán en nuestra sociedad y debemos saber aplicarlas en nuestra vida personal y social,para que estas nos ayuden a lograr un bien común y saber escogerlas ya que no todas son buenas para nosotros ni para la sociedad.*

## Capítulo 3

## Los Jóvenes, el motor de la sociedad.

*Los jóvenes siempre serán el futuro de la sociedad, siempre serán la esperanza para que las cosas mejoren, es su espíritu revolucionario el que hace que se den grandes revoluciones sociales, si logramos que ese espíritu joven que hay en cada uno de nosotros aporte a un bien común la sociedad podrá lograr ser prospera en todo sentido.*

*Los jóvenes tenemos mucho que aportar a la sociedad, debemos ser coincidentes de que para logar una sociedad más igualitaria tenemos que aprovechar todos los recursos que como jóvenes tenemos a la mano, resolver diferencias y unirnos en pro de un bien común pues es así como los jóvenes en toda la historia han luchado por mejoras sociales.*

*Los jóvenes somos el motor de progreso en esta sociedad y está en las manos de los jóvenes lograr el cambio social que tanto necesita esta sociedad, por ello es importante que como jóvenes aprendamos todo lo necesario para lograr los propósitos que tanto necesitamos lograr como mejorar nuestra sociedad, es de esto de lo que hablaremos en este capítulo ¿cómo hacer que como jóvenes aportemos más a una sociedad en pro del bien común?*

**Aprovechemos el Tiempo:**

La principal diferencia entre las personas exitosas y las que no está en cómo usan su tiempo, es una desgracia que la mayoría de los jóvenes desaprovechen su tiempo por distintas razones algunas veces ni siquiera es culpa de ellos, en nuestra juventud definimos gran parte del resto de nuestra vida, que es lo que haremos con nuestros tiempo libre es importante para que nuestra vida pueda ser prospera, feliz y llena de amor, que lo aprovechemos será clave  para poder aportar a nuestra sociedad y lograr la vida que personalmente necesitamos.

Un comienzo para aprovechar el tiempo es tener conciencia de que no lo estamos aprovechando al por cien por ciento y ponernos a pensar por un momento que actividades podemos hacer para aprovecharlo mejor, pues con nuestro tiempo podemos colocarnos metas a corto, mediano y largo plazo para que tengamos motivación de aprovecharlo al máximo y por ende logremos cosas muy útiles para el resto de nuestra vida.

Es también importante disminuir todas las actividades que nos hacen perder tiempo, revisemos nuestras actividades y disminuyamos las que no nos traen beneficio alguno, pues si una actividad no nos trae alegría y conocimiento esta es un desperdicio de tiempo, además sea cual sea nuestras actividades debemos saber que todo en exceso es malo y que para que nuestras actividades no se conviertan en una fastidiosa rutina debemos aprender a aprovechar de forma óptima nuestro tiempo, esto nos ayudara a darnos cuenta que si tenemos tiempo para muchas cosas que creíamos que no y aprovechar al máximo todo nuestro tiempo de forma que seamos felices con ello.

Disminuir actividades no provechosas no significa privarnos de ellas, es solo organizar nuestro tiempo para sacarle el mayor provecho, el tiempo libre lo podemos aprovechar realizando lo que nos gusta, estudiando, descansando y muchas otras cosas; pues es importante aprovecharlo porque del tiempo libre provienen gran parte de nuestros éxitos y fracasos.

**Aprovechemos el espíritu revolucionario:**

Una revolución es un cambio total con respecto al pasado inmediato ya sea de unpaís, sistema, un ejército, etcétera; normalmente esta es iniciada por las generaciones jóvenes de la sociedad,una revolución generalmente está relacionada con cambios extremosen nuestra sociedad, aunque la palabra revolución también puede ser aplicada a un cambio radical de una sola persona o una simple comunidad.

En nuestra sociedad las revoluciones son consecuencias de procesos históricos y construcciones colectivas, para que una revolución exista es necesario que haya una razón para la nueva unión de interés comunes o utopías, frente a una vieja unión de estos que generalmente son injustos en los sentidos sociales.

El espíritu revolucionario que poseemos normalmente los jóvenes es el que ha liderado todo cambio social en la historia, por lo tanto si logramos unirnos y usar este espíritu que poseemos para lograr un bien común en esta sociedad lo podemos lograr, pues somos dueños del espíritu revolucionario que ha cambiado el mundo en muchas ocasiones.

Algo realmentetriste sobre la forma como se han dado revoluciones en la humanidad es que las revoluciones que han nacido para cambiar un sistema de gobiernoterminan implantando un sistema igual o peor  al anteriorcomoelcaso de la revolución cubana o larusa, y esto lamentablementegeneraen muchas personastemor de que una causa revolucionariadesencadene un sistema comunista o parecido, es aquí cuando nosotros como jóvenes tenemos que hacer que se dé una causa revolucionaria en pro de un bien común para que así el resto de la sociedad la apoye y se logre una mejor sociedad en todo sentido.

El espíritu revolucionario de los jóvenes puede lograr grandes revoluciones, no solamente revoluciones violentas si no también revoluciones que sean guiadas por el amor en pro de una causa justa, un ejemplo de esto fue como las revoluciones hippies en Estados Unidos ayudaron a que el país abandonara los planes de guerra en Vietnam.

Paraqueuna sociedad triunfe gracias a una revolución es necesario que se diseñe un mejor sistema social de la mano del bien común y con participación de la juventud, pues solamente las revoluciones apoyadas por los jóvenes son las que triunfan, por lo que le aconsejo a quienes se hacen llamarrevolucionariosque idearan una mejor sociedad no conbasedelpensamientosocialista o comunista, sino en base a un sistema sostenible con el medio ambiente, en pro del bien común,endondese logre que cada persona pueda ser feliz, un sistema de normas y comportamientosquegaranticenque nadie tenga lanecesidad de hacerleel mal a otros o a la sociedad entera.

### ¿Quién es la fuerza productiva?:

En toda sociedad la fuerza productiva son los jóvenes, somos nosotros quienes mantenemos la sociedad funcionando, es por eso necesario que los jóvenes tomemos liderazgo y luchemos por nuestros deberes y derechos, pues como los jóvenes somos la fuerza productiva de toda sociedad está en nosotros la posibilidad de mejorar nuestra comunidad y lograr que se dé un bien común.

La sociedad joven debe tener iniciativa propia, amor, carácter y voluntad, como fuerza productiva de la sociedad, es natural que los monopolios luchen por sacar el mayor provecho sin un digno beneficio a los trabajadores, pero como son los jóvenes son quienes realizan los cambios, quienes toda la historia han intentado cambiar el sistema desigualitario; es por eso que los jóvenes deben ser líderes naturales de la sociedad productiva de la nación y luchar por que las condiciones humanas de esta mejoren.

Los jóvenes no solo causamos los grandes cambios, somos las personas innovadoras y emprendedoras en toda sociedad, es por eso que debemos dar ejemplo de un mejor comportamiento social y personal en la vida educando a nuestros mayores y a las generaciones venideras.

Si todos los jóvenes por iniciativa propia luchamos por mejorar nuestros espacios de producción, las futuras generaciones y las pasadas admiraran este trabajo, además de que garantizaríamos un futuro mejor, pues los jóvenes no debemos echarnos a la pena por un mal proyecto, debemos tomar experiencia de los errores ajenos y pasados, para volver a empezar, y así como fuerza productiva que somos  lograremos una mejor sociedad donde se logre un sistema en pro del bien común.

**Eduquemos a nuestro prójimo:**

Toda sociedad va cambiando con los años pues siempre para que todo prospere es necesario un mejoramiento continuo en todos los aspectos, los jóvenes somos educados por nuestros mayores para un futuro desempeñarnos en esta sociedad, pero también nosotros los jóvenes deberíamos educar a nuestros mayores para el presente, los jóvenes en algún momento de nuestras vidas decimos que nuestros mayores están desactualizados y en un tono serio tenemos algo de razón en esto, por ende es necesario que como jóvenes tomemos la tarea de educar a nuestros mayores y futuras generaciones en temas de nuestro presente que afectan nuestras vidas.

Temas esenciales como el medio ambiente, la salud o la educación son temas que deben renovarse constantemente, temas que deben renovarse a corto plazo, pues el peor error tanto de las personas jóvenes como mayores, es esperar cualquier tema colapse y después actuar, esto se los jóvenes lo podemos corregir, pues los jóvenes son quienes ven a diario la sociedad  y quienes deben educar a las personas mayores y a futuras generaciones sobre cómo mantener a la sociedad en un buen estado.

Muchas personas mayores no son cocientes de las necesidades de una nación a futuro pero los jóvenes si, por eso los jóvenes deben educar a las personas mayores de todas las maneras que puedan, como por ejemplo de cómo servir a la sociedad; pues lo ideal en toda sociedad es que no solamente las personas mayores sean las que eduque a su prójimo, sino que todas las personas de la sociedad se eduquen entre sí, pues hasta los niños siempre tendrán cosas que enseñarle a sus mayores.

Es cierto que las personas mayores tienen más experiencia en la vida, pero  las personas jóvenes también tienen como educar a sus mayores, porque ambos grupos como todo aspecto de una sociedad se necesitan mutuamente, y desde que haya un respeto mutuo en la sociedad entre ambos grupos la educación de toda la sociedad será perfecta, porque toda persona aprende todos los días de todo su prójimo.

No solo debemos educar a nuestros mayores, también por razones obvias a nuestros menores pues ellos al igual que nosotros serán y son el futuro del mundo; y desde más temprana edad es más fácil que una persona aprenda una lección, pues somos responsables de cómo estas futuras generaciones sean en su momento, por ello nunca le neguemos nuestros conocimientos a otros, porque solamente la sociedad prosperara si todos los conocimientos pueden ser accesibles para todos en pro de un bien común.

**La Moda debe llevar responsabilidad:**

Los jóvenes nos reconocemos por imponer moda, pero lamentablemente en la actualidad no toda la moda que imponemos es buena para la sociedad, muchas veces la moda que nosotros imponemos perjudica en gran cantidad a todos; un fácil ejemplo reciente fue la cultura Emo que alegaba no perjudicar a demás personas sino únicamente a sus miembros, pero son estas clases de moda que unos pocos inician lo que le da mala imagen a la juventud en general, daña futuras generaciones y contribuye a gastos en los gobiernos que terminamos pagado todos, por ello es necesario hacer que si se va a dar una nueva moda esta sea para beneficio de la sociedad y no por el contrario para perjudicarla.

Como jóvenes con iniciativa debemos dar ejemplo de nosotros mismos para crear una moda que beneficie a toda la comunidad, que dicha moda sea ejemplo para todas las generaciones, que contribuya a crear valores en las personas y hacer de la palabra moda una palabra con un sentido más profundo que lleve a quienes la siguen a realizar un bien común y a ser felices con esta.

Es cierto que se debe defender la libre expresión y que los jóvenes de menor edad deban tener libertades de desarrollar su personalidad, pero el camino de muchas tribus urbanas que algunos jóvenes toman no es el mejor ni a corto ni a largo plazo y por ende pierden muchas oportunidades en su vida todo por seguir una moda o por tener un espacio en un grupo, los jóvenes emprendedores y responsables debemos ayudar a esta sociedad joven cambiar esto, no de forma violenta ni restrictiva, como jóvenes líderes podemos idear formas de crear un estilo de vida ejemplar, prometedor, fascinante, que imponga una moda con responsabilidad, para que así todos estos grupos hechos por malos líderes desaparezcan de nuestra sociedad.

Como jóvenes debemos ser conscientes que somos el futuro de una nación, y por lo tanto debemos tomar responsabilidad en lo que hacemos, muchos buscamos autonomía de las personas mayores, pero si lo queremos hacer debemos saberlo hacer y tener responsabilidad sobre nuestra decisiones.

Muchos jóvenes se unen a malos grupos como los Emos por razones parecidas, como dije en la parte anterior todos debemos compartir nuestros conocimientos educándonos entre sí, pues una sociedad decae cuando alguien mira una desigualdad en otro y no se intenta solucionar, muchos intentan imitar a los líderes, es por eso que como jóvenes líderes que somos debemos imponer una moda que guie a demás jóvenes a seguir un estilo de vida mejor en lugar de general una moda que lleve a la sociedad a la decadencia..

**Son los jóvenes quienes crean las nuevas ideas:**

La mayoría de las veces que algún sector de un país marcha mal, decimos que fue culpa de nuestros antepasados que no planificaron bien el sistema hacia futuro, puede ser cierta esta idea en un cierto punto, pero como jóvenes no debemos quedarnos solo cuestionando los errores de nuestros antepasados, lo que  debemos es nosotros mismos hacernos cargo de nuestro futuro, tomar sus errores, estudiarlos, tomar experiencia de ellos y lograr proyectos a gran escala para nuestra nación a corto y largo plazo, pues somos los jóvenes los que creamos las nuevas ideas y podemos por lo tanto mejorar con esta nuestra sociedad.

No es solo cuestión de quejarnos por la situación en que esta nuestra nación, sino hacer un cambio por iniciativa nuestra, después de todo como jóvenes poseemos todos los recursos humanos y sociales para realzar esta labor, un claro ejemplo del poder de las ideas jóvenes es como son estas las que satisfacen las demandas de innovación en nuestra sociedad, por algo siempre las innovaciones universitarias son las que son usadas en las empresas.

Los jóvenes son los que logran los cambios en la sociedad, es por eso que cuando haya algún factor que perjudique nuestra comunidad, no debemos quedarnos callados, debemos cambiar esa situación, es natural que encontremos obstáculos, pero toda lucha por mejorar las cosas siempre será difícil, cada generación tiene su propio estilo de vida, las normas, moda y todo lo que nos afecta en la vida siempre irán cambiando, nuestros mayores tuvieron su espacio, nadie mejorara el sistema social por nosotros, como jóvenes debemos hacer todo por mejorarlo a nuestros gusto responsablemente, porque cuando las personas están felices en su ambiente, no falla ningún sistema social.

Nosotros creamos las nuevas ideas no solo en el sistema social, también en la sociedad científica, empresarial, cultural, etcétera, al igual que nuestros antepasados no teníamos experiencia en algunas cosas, puede que la humanidad como tal ya haya mejorado bastante, pero siempre se tiene que luchar por la perfección, es la iniciativa joven que siempre ha estado mejorando la sociedad humana, es la iniciática joven la que crea las grandes ideas, y es responsabilidad de nosotros como jóvenes no dejar morir esa iniciativa y creatividad, seguirla sembrando para las próximas generaciones. Pues siempre habrá un momento en que los jóvenes tienen que liderar la situación de su nación, pero el momento nosotros lo decidimos, nadie nos dirá cuándo, solo nosotros.

### *Reflexión Final*

Somos los jóvenes los que movemos la sociedad, somos los responsables de todo cambio social, toda moda, por lo tanto debemos como jóvenes tener conciencia de que somos el futuro y de que tenemos que tenemos que mejorar  la sociedad conforme lo requiera el medio en que vivimos y nuestro prójimo responsablemente.

Nos vivimos quejando diariamente de que nuestra sociedad comete injusticias diariamente, pero si de verdad queremos cambiar esa situación en nosotros está el poder de  mejorar las cosas, pues en toda la sociedad los jóvenes son los que mejorado las cosas que representaban problemas sociales, en el mundo de hoy  se requiere un cambio social profundo por eso como jóvenes debemos hacer todo lo posible por mejorarlo.

Como jóvenes es cierto que en muchos aspectos nos falta experiencia, pero la experiencia nos llega por sí sola, solamente tenemos que buscarla, tal vez de principio no nos vaya como pensábamos y tengamos que pasar por muchas adversidades, pero la vida no trata de siempre triunfar y siempre los fracasos serán necesarios para aprovechar el triunfo, así lograremos la experiencia que necesitamos para triunfar en nuestra vida.

Como jóvenes debemos ser el ejemplo para nuestros mayores y menores  de alegría, sinceridad, amor y demás aspectos que necesitan las personas de nuestra sociedad para tener una buena vida,  no ser  la peor generación, si solo logramos este principio en nuestra vida como jóvenes, habla valido la pena haber pasado por sus años de juventud.

# Capítulo 4

## El medio ambiente, responsabilidad de todos.

*Es el tema que más debe preocupar a esta sociedad, pues es responsabilidad de todos, para salvarlo debemos actuar, así sea con pequeñas cosas, porque nuestro medio ambiente es quien nos da todo, podemos y tenemos que  desarrollar una vida tanto individual como social sostenible con él, de lo contrario será el fin de nuestra sociedad como tal.*

*Cuidar y proteger el medio ambiente indiscutiblemente es responsabilidad de todos nosotros, no hay ninguna excusa para evadir esta responsabilidad pues de esto depende nuestra supervivencia, por ello es necesario que encontremos la forma de vivir en este planeta de forma sostenible con el planeta en pro de un bien común para este y para la sociedad humana.*

### Aprendamos de los Indígenas:

En lo que va de este  libro, he querido hacer ver como los hechos del pasado marcaron el presente, la industrialización ha marcado el presente, tal es el hecho que toda gran empresa está ligada a otras, cuyo objetivo es producir bienes y servicios, muchos innecesarios en nuestras vidas y que son por el contrario perjudiciales para nosotros y para el medio ambiente,  por ello viendo el desarrollo sostenible de los pueblos indígenas con el medio ambiente digo que aprendamos de los indígenas, porque ellos lograron un estilo de vida sostenible con el medio ambiente, tenían lo necesario para subsistir y devolvían a la tierra lo que les daba.

Nosotros como personas del presente no debemos sentirnos culpables de la situación del planeta, pues solo tenemos unas costumbres y modos de vida nuestro hacia el medio ambiente que nos dejaron nuestros antepasados que no eran las mejores, pues lamentablemente casi todos los seres humanos solo piensan en su beneficio propio, que es el peor error, porque como personas debemos ser coincidentes de que la base de la sociedad perfecta es que toda persona piense en el bien común y no en el individual, no solo entre nosotros como personas, también en el bien común hacia medio ambiente y los demás seres vivos .

Como humanos siempre reaccionamos ante los problemas para enmendarlos,  rara vez para evitarlos, si hay algo de admirar en las culturas indígenas, es como siempre pensaban en el futuro y hacían todo lo posible para evitar problemas futuros, este pensamiento deberíamos volverlo a tomar en nuestra sociedad, que pena que los conquistadores europeos se hayan empeñado solo en enseñarles sus tradiciones y explotar sus tierras, y no en aprender las cosas buenas de las culturas indígenas.

Las tribus indígenas perduraron no fue por fabricar grandes cantidades de productos, ni servicios sino por su relación sostenible con el medio ambiente, nuestro mundo moderno a cambio llevamos poco tiempo después de la Revolución Industrial y ya nuestra sociedad está al borde del colapso por la destrucción que le hemos causado al medio ambiente como está cada día destruyéndose, una pregunta para usted; ¿qué civilización es la más superior la actual o la indígena?

**No hay escusas:**

 Para cuidar el medio ambiente a menudo nosotros como personas al igual que en muchas cosas en nuestras vidas sacamos escusas como: ¡es que el gobierno no hace nada!, ¡yo solo que puedo hacer!, entre muchas otras, como seres que tomamos nuestras propias decisiones en nuestras vidas, podemos aportar con nuestras acciones diarias a la conservación del medio ambiente, pues cada uno de nosotros tiene los medios para conocer nuevas formas de comportamiento social e individual para que nosotros aportemos con nuestras acciones al cuidado del medio ambiente.

¿Cómo podemos exigirle a los gobiernos más responsabilidad hacia el medio ambiente, si como personas no lo cuidamos?, un estado se conforma por sus individuos, por lo tanto si sus ciudadanos no tienen responsabilidad y compromiso hacia el medio ambiente, como el estado puede proteger el medio ambiente, como personas, parte de una sociedad, tenemos que dar ejemplo de tener más cuidado hacia el medio ambiente, una vez la gran mayoría de los miembros del estado cuiden su medio, el estado por sí mismo lo protegerá.

Un estado es el reflejo de su pueblo, un gobierno siempre saca excusas para no comprometerse con el medio ambiente porque sus funcionarios siempre sacan excusas, sus funcionarios los elige de una forma u otra la sociedad, y si la sociedad crea escusas para todo, conclusión será que la nación entera siempre busca escusas para todo, y de ahí nacen todos los problemas de un país, no solo es cuestión de cuidado del medio ambiente sino del estado como tal, lo único que puede parar ese fenómeno es que ya no hallan escusas.

Los países nórticos en la actualidad son el ejemplo de que no hay excusa alguna para no comprometerse con el medio ambiente, se ve como su compromiso hacia este tema ha logrado grandes avances para su protección, muchos otros países toman excusas como que el desarrollo de proyectos ambientales viables son de altos costos, entre muchas otras excusas; pero una pregunta ¿Sera que los proyectos industriales actuales son económicos?,  quizás el comienzo de un proyecto sea difícil, pero muchos han demostrado que los proyectos y procesos en pro del medio ambiente resultan más económicos que los tradicionales.

Esta tarea es difícil, pero no imposible, "trabajo de pocos para el beneficio de muchos", sería muy grato para mí que toda persona que lea este libro tomara liderazgo y diera ejemplo con su vida de cómo quitar de nuestras vidas esas excusas que no nos dejan progresar como personas ni como sociedad, no solo en el tema ambiental, sino también en el resto de dilemas que tenemos a diario, pues mientras estas escusas sigan la sociedad no podrá lograr un sistema en pro del bien común para la humanidad y el medio ambiente.

**Pequeñas cosas hacen grandes cambios:**

Esta frase la escuchamos muy a menudo pues tiene mucha razón, pues  por ejemplo si cada persona tiene pequeños actos para cuidar el medio ambiente habrá una gran protección hacia el medio ambiente,  puede ser una inspiración para que cada uno de nosotros logre aportar con sus actos ala preservación del medio ambiente, pues todas las cosas de la vida son compuestas otras  cosas pequeñas, por ende si cada quien aporta con sus actos para la preservación del medio ambiente este podrá ser preservado.

Nosotros en la vida no podemos lograr nada en ninguna área si empezamos por lo más grande, si no pasamos primero los obstáculos más mínimos, no podremos pasar los más grandes,  por tal hecho si queremos que la sociedad cambie o realice algo que la beneficie al medio ambiente primero debemos hacerlo nosotros mismos, así como en todo, lo que hagamos por cuidar el medio ambiente si es indicado otros lo aran.

Quizás en un principio una pequeña acción no parezca ser un gran aporte para cuidar el medio ambiente, pero si nos ponemos a pesar como un simple mosquito puede afectarnos, nos damos cuenta que todo lo que hacemos por más pequeño que sea logra generar un gran impacto en nuestra sociedad, por ello debemos estar seguros de que todos nuestros aportes podrán aportar mucho a mejorar nuestro entorno.

El medio ambiente necesita de tus pequeños cambios, así que los cambios que tengas en pro de cuidarlo realízalos, nunca pierdas la fe en tus ideas solo porque otros no creen en ellas al contrario lucha con ellas y demuéstrales que como persona vales la pena; no es fácil mostrarte con tus pequeñas cosas como un ejemplo, pero todo lo  que siembres siempre da los mismos frutos de cómo los sembraste, muchos quieren dejar huella en la vida y si nos volvemos líderes de los pequeños cambios para cuidar su medio ambiente y a la comunidad lograremos que nuestra vida haya valido la pena, pues para alguien decidido de usar su vida como ejemplo de vida para los demás no hay barreras insuperables.

**La Tecnología; amiga o enemiga del medio ambiente:**

La tecnología es y será uno de los factores más importantes en nuestra sociedad actual, es lo que ha permitido a la sociedad desarrollarse por años, la tecnología es algo elaborado por el hombre para mejorar su vida, por ende no se puede decir que sea una amiga o enemiga del medio ambiente, porque ello será lo que el hombre quiera que sea.

Los avances tecnológicos y científicos, no son por ende enemigos del medio ambiente, por el contrario pueden ser una gran herramienta para protegerlo y restaurarlo, en este siglo XXI con los crecientes problemas del medio ambiente, ha nacido la necesidad de desarrollar una tecnología para poder solucionar en alguna medida estos problemas, cosa que antes nunca se pensó porque nosotros los seres humanos pocas veces reaccionamos para evitar problemas, solo reaccionamos después de que pasaron para evitarlos.

Tecnología es el conjunto de conocimientos técnicos, ordenados científicamente, que permiten diseñar y crear bienes o servicios que facilitan la adaptación al medio ambiente y satisfacer tanto las necesidades esenciales como los deseos de personas, cualquier sociedad puede desarrollar tecnología amigable con el medio ambiente solo es cuestión de compromiso  de una nación para solucionar los problemas de su medio ambiente con ayuda de las innovaciones tecnológicas.

En conclusión sabemos que la tecnología no es enemiga del medio ambiente, que también es necesario que cada Nación desarrolle tecnologías para proteger el medio ambiente, pero esta idea choca con un factor que mueve la economía hoy en día, el consumismo, gran responsable de que muchas naciones no se comprometan con el medio ambiente poniendo escusas de que desarrollar tecnología ecológica y sostenible con el medio ambiente tiene altos costos, pero acá es cuando podemos recordad un viejo dicho de tribus indígenas el día en que todos los recursos estén agotados el hombre se dará cuenta de que de dinero no se come; por ello como personas que somos parte de una nación lideremos un cambio social que permita aprovechar la tecnología para cuidar el medio ambiente.

**El Consumismo el gran enemigo del medio ambiente:**

Cuando somos personas consumistas y nos importa más adquirir bienes materiales que las cosas más sencillas de la vida y cuidar el medio ambiente, egoístas que solo pensamos en nuestro bien propio y nos olvidamos del bien común, juzgadoras pues criticamos los comportamientos de otros sin ponernos en sus zapatos, corruptas pues sabemos cómo la corrupción arruina el mundo pero sin embargo si nos dan la oportunidad de ser corruptos lo hacemos igual que las personas que juzgamos por ello, amarillistas que solo les interesa contar la información que tienen como les conviene, hipócritas que solo buscan su bien propio así esto perjudique a otros, intolerantes que no aguantan ninguna diferencia, y con muchos más defectos; nos convertimos en parte del problema que tiene a más de la mitad de la humanidad sumergida en la miseria y al planeta al borde de su destrucción.

Nosotros no podemos quedarnos viendo como este factor que es la base de nuestra economía moderna sigue matando nuestro planeta, tenemos que empezar a cambiar esto, una forma para lograr esto es lograr que las industrias mundiales dejaran de producir tantos productos en masa, que solo se propusieran productos por encargo de la persona que lo necesite, que estos productos tengan un gran tiempo de uso, y que el consumidor tomara conciencia de solo adquirir los productos que en realidad se necesiten, así ayudaríamos en gran medida a cuidar el medio ambiente, esta idea puede sonar utópica, pero con que todos los consumidores se concienticen que el sistema consumista actual es el que está dañando nuestro planeta, las naciones empezaran  a exigir a sus industrias producciones exclusivamente por encargo y de gran duración. ¡En usted señor consumidor está la solución!

Algunos dirán que las industrias perderían empleo, o muchas escusas más, pero nuestro planeta necesita mucho un trabajo de todos nosotros para detener en algo todo el daño que le hemos hecho, "para los hombres con ganas de ayudar a su sociedad, nunca les faltara trabajo", "el dinero solo vale lo que el hombre cree que vale", nuestro planeta necesita gente como usted señor lector que tenga iniciativa de iniciar un cambio y resalte de los demás, para poder lograr una mejor sociedad que piense en el bien común de forma sostenible con el medio ambiente.

Otros consumidores excesivos, tal vez digan que tienen derecho a elegir variedad de productos, o frases parecidas con tal de buscar escusas, pero si todo empresario tiene catálogos con todos los datos de su producto, cualquiera podrá elegir varias opciones y no habrá escusas que impidan detener la sobreproducción de bienes que lleva que lleva al consumismo.

El consumismo es lo que en menos de doscientos años ha dañado increíblemente nuestro planeta, por ello debemos acabar con este a como dé lugar, si acabamos con este no solamente lograremos mejorar las condiciones de nuestro medio ambiente, también podremos lograr una vida personal con más amor y felicidad.

**Sobrepoblación una irresponsabilidad humana:**

Nosotros los seres humanos en los últimos doscientos años hemos incrementado aceleradamente nuestra población por todo el planeta, en los dos últimos siglos pasados grandes avances en la medicina nos ha permitido mejorar nuestra calidad de vida, y duración de ella, pero la humanidad fue irresponsable, las parejas traían gran cantidad de hijos al mundo, de hecho en algunos países subdesarrollados todavía vemos este problema, todo esto ha causado sin dudas el fenómeno de la sobrepoblación que tanto perjudica al planeta.

La humanidad en este último siglo ha tomado conciencia sobre la importancia de reutilizar los recursos, pero debemos tener una más responsabilidad con nuestro planeta, pues más allá de reutilizar los recursos al máximo, a medida que la población va creciendo se necesita satisfacer las necesidades de cada vez más personas, por lo que aun consumo constante de personas, mas tendremos que gastar los recursos de nuestro planeta, hasta el punto que ya no dé a vasto, por eso es necesario hallar formas de controlar la natalidad de personas.

Muchas familias en el mundo no tienen la cultura suficiente para planificar, a pesar de que los gobiernos y personas dadas a colaborar hacen campañas para prevenir embarazos a corta edad, las familias y las personas jóvenes en especial no controlan este factor, es tiempo de cambiar esta cultura pues solo así se evitaran los grandes problemas que trae la sobrepoblación.

En la mayoría de los casos las familias de más bajo estrato tienden más a tener familias de una enorme cantidad de hijos,  esto suena muy restrictivo para muchas personas, pero los gobiernos y la sociedad entera deberían obligar a las familias a operarse después de tener cierto número de hijos, pues nuestro planeta ya no soporta tantas personas y es hora de tomar responsabilidad y acciones sobre este tema, pues es triste pero la educación no ha servido para evitar que cada vez más personas traigan al mundo tantos seres, además "si a una persona no le nace colaborar de forma ética, nacen la leyes que la obliguen a colaborar", es así como la sociedad funciona.

En toda sociedad a los grandes líderes les llega el momento de tomar la difícil decisión de controlar la libertad de su pueblo por su bien, o permitir una libertad descontrolada perjudicial, tristemente en la mayoría de los casos la primera es la opción que se tiene que elegir, porque solo evitando la sobrepoblación la humanidad podrá seguir subsistiendo en el planeta, por eso es necesario combatirla a cualquier costo.

### *Reflexión Final*

Los seres humanos somos los únicos culpables de la terrible situación de nuestro planeta, muchos han empezado nuevas políticas de cambio, muchos creen en sus ideas y luchan por mejorar el ambiente, pero todavía hay un gran número de personas que no se preocupan por este panorama, por lo cual es necesario fortalecer todos los métodos usados para proteger y mejorar el medio ambiente.

Si nuestros antepasados indígenas cuando no tenían el conocimiento que nosotros poseíamos lograron vivir equilibradamente con el planeta ¿porque nosotros no podemos hacerlo?, todos podemos lograrlo, pues cada uno desde su propia vida puede aportar al cuidado del medio ambiente, después de todo es nuestro planeta  quien nos da todo, por lo tanto hay que cuidarlo.

Tenemos la capacidad de desarrollar la tecnología adecuada para amortiguar los daños que hemos causado al planeta, todos tenemos la posibilidad de mejorar nuestro entorno combinando nuestra imaginación con nuestro conocimiento para desarrollar soluciones al problema que nuestra sociedad le ha causado al planeta, solamente es cuestión de voluntad, una vez la mayoría de la sociedad tenga esta voluntad para cuidar el medio ambiente los gobiernos de todas las naciones también la tendrán.

La humanidad debe ser más responsable para evitar fenómenos como  la sobrepoblación y el consumismo a cualquier costo porque solo así se garantiza que podamos seguir viviendo en este planeta y que podamos mejorar el medio ambiente.

**Capítulo 5**
**Calidad de vida, el propósito de Gobiernos y Personas.**

*Una persona con una buena calidad de vida indiscutiblemente puede gozar de todo lo necesario para ser feliz, pues este es el fin de cada uno de nosotros y también lo debe ser el fin de nuestros gobiernos lograr que cada persona disfrute de una buena calidad de vida sin importar circunstancias.*

*Hay muchos factores necesarios para lograr una buena calidad de vida, que son de carácter material como espiritual, estos debemos tenerlos claro para sí poder gozar de una buena vida en todo aspecto y si los tenemos claros también podemos lograr que nuestra nación los promueva.*

*Cuando una sociedad entera logra que todos sus miembros posean un vida optima en todo aspecto, esta sociedad puede volverse prospera y por lo tanto evita grandes injusticias y a la vez varios problemas como la delincuencia, por ello es necesario que tratamos de lograr un sistema en donde cada quien por pueda gozar de una calidad de vida que le permita ser feliz y tener lo necesario para su sustento.*

**La Actitud el principio de nuestro éxito en la vida y en la nación:**

Muchos en la vida solo se dedican a quejarse por su situación sin hacer nada para mejorarla, muchas veces tienen cosas que muchos desearían y no valoran lo que tienen, las personas así por lo general tienden a ser más infelices, pues las actitudes negativas son el principio de muchos problemas en nuestra vida, por ello es fundamental acabar con esos pensamientos negativos que solo generan desgracias a una persona.

Las actitudes tienen el factor que pueden ser contagiosas, por lo que cuando una persona es negativa, puede volver negativas a las personas de su alrededor y estas a toda una sociedad, esto es un factor que aporta mucho a la decadencia de cualquier sociedad, porque las personas son el resultado de lo que piensan y sienten, así mismo los problemas de su nación nacen de las personas que la componen, por ende es fundamental tratar de darle un sentido positivo a nuestra vida para que podamos así mismo llenar de positivismo a nuestro prójimo.

Debemos como individuos cambiar la mentalidad de que las cosas empeoraran cada día, que nada tiene solución y muchos otro pensamientos que a veces nos amargan la vida, debemos sacar de nuestra vida todo lo que nos impide crecer como personas y salir del fracaso, pues nosotros somos los responsables de nuestra vida por ello solo nosotros podemos  darle un sentido  nuestra vida ya sea bueno o no, pues el mundo es para nosotros más  el  producto  de  cómo  lo  vemos  que  las  cosas  que  lo  componen. La sociedad es un conjunto  de personas, esta  se divide en grupos, nosotros como individuos necesitamos juntarnos con personas ejemplares, exitosas, que aporten en nuestra vida para mejorarla, es da aquí la importancia de escoger bien nuestras amistades, porque las actitudes son contagiosas, como dice un dicho popular: "el que anda con basura algo se le pega", así mismo sucede con las personas positivas. Lo más básico en nuestra vida es la actitud y solo teniendo la adecuada tendremos éxito en ella, éxito que nos permita disfrutar de la vida en todo sentido, que nos permita tener amor, felicidad, prosperidad y todo lo demás necesario para poder disfrutar de una buena calidad de vida.

**La Felicidad,  el principio básico para la calidad de vida:**

Es el elemento más esencial para lograr la calidad de vida es la felicidad, desafortunadamente muchas personas no la pueden hallar fácilmente por muchas razones, lo que causa grandes males, que afectan a cada persona de manera individual y terminan afectando toda una sociedad, pues una persona no feliz no podrá disfrutar su vida y si una sociedad entera no puede ser feliz no podrá prosperar, pues la felicidad es una esencia en esta vida que se complementa con la prosperidad, el amor y muchas más virtudes necesarias para disfrutar de una buena calidad de vida.

Para lograr tener felicidad debemos hacer lo que nos guste, pasarla con las personas que nos hacen sentir bien, debemos amarnos nosotros mismos y a los demás, debemos dejar de atormentarnos con energías negativas como envidias, celos, rencor y muchos otros; es así como lograremos una vida feliz.

La felicidad no está en los años, meses, ni siquiera en los días. Está  en todos los momentos, se aprender a vivir el presente sin ninguno de los traumas del pasado ni las expectativas del futuro y así disfrutar de ese presente lo mejor posible, recordemos que la felicidad no es una meta, sino un trayecto que debe seguir nuestra vida.

Debemos mejorar nuestra autoestima, porque cuando sonreímos aunque no sintamos esto como alfo importante, nuestro cerebro lo entiende como una señal que  todo va bien que da a la mente una respuesta positiva y alegra nuestro ser, por ello se  dice que una sonrisa cuesta menos que la electricidad, pero que da más luz.

Podemos ser felices sin importar las circunstancias, pues quien valora las cosas más las simples de esta vida puede ser feliz así afronte grandes dificultades, solamente nos es necesario para esto conocernos bien nosotros mismos y aprender que es lo realmente importante para nosotros.

Uno de los verdaderos secretos para ser feliz es aprender a dar sin esperar nada a cambio, aunque muchos no lo crean es uno de los motores más fuertes de progreso para una persona y una sociedad, puessiempre recogemos lo que sembramos, por lo tanto  si damos odio recibiremos odio y si damos amor recibiremos invariablemente amor, pues es el principio de la ley de la atracción una ley universal como la de la gravedad y si hacemos esto de forma sincera siempre veremos esos resultados que le dan felicidad a nuestra vida.

En nuestra sociedad la unión  con colaboración y respeto  genera  sinergia que se manifiesta en forma natural, si entendemos a las personas que nos rodean, si queremos a nuestros amigos como  son sin intentar cambiarlos, porque cuando nos  sentimos mal es el verdadero amigo estará allí para  apoyarnos y brindarnos todo su amor,  por ello hay que cultivar nuestras amistades, porque ellas nos son gratis y serán de las mejores cosas que podamos tener,pues la amistad al  igual que la mayoría de los sentimientos debe fluir de manera natural si esto lo logramos de seguro podemos lograr una mejor sociedad más feliz y en la que sea posible el bien común.

Solo cambiando nosotros por dentro lograremos cambiar a nuestra sociedad, pero para lograrlo primero debemos ser felices pues es la felicidad la base de toda persona o sociedad exitosa, prospera y amorosa, por lo tanto es la felicidad uno de los factores más importantes para lograr una buena calidad de vida.

**El amor por todo lo que nos rodea, requisito para ser felices:**

El amor por naturaleza se complementa con la felicidad, el amor es a la vez la fuerza más poderosa con la que podamos  contar, pues cuando hacemos las cosas con amor estas cosas que dan lo mejor hechas posible o cuando sentimos amor verdadero en nuestra vida podemos disfrutar de esta sin importar las adversidades del momento, pues es el amor la fuerza más maravillosa del universo por ende si aprendemos a que este sea parte de nuestra vida podremos ser felices y por ende si la sociedad logra hacer del amor una herramienta para su progreso esta jamás caerá en injusticias.

Para amar es necesario que no miremos este sentimiento solo como lo que debemos sentir hacia nuestra pareja, pues este sentimiento se debe sentir en todas nuestras acciones diarias y  hacia todas las personas asa sean amigas o enemigas, hacia nuestro futuro, mejor dicho en todo lo que compone nuestras vidas, es así como podremos hacer del amor la base para tener una vida llena de alegrías en todo aspecto.

No podemos ser felices sin amar ni amar sin ser felices; es por eso que para lograr estos sentimientos debemos unirlos pues esto es un camino no una meta,  nadie nos llevara a ellos solamente nosotros podemos tener la voluntad para sentirlos y crear sinergia en nuestra vida con ello, una vez logremos amar y ser felices en todo aspecto es cuando nuestra vida es perfecta y mejorara cada día.

Cuando algo no nos guste no debemos cometer el error de adaptarnos a ello, porque nunca lo amaremos ni seremos felices con ello,  tenemos que buscar lo que nos apasiona, pues cada uno de nosotros puede mejorar la sociedad solo siendo el mejor en lo que ama y será feliz haciéndolo, si en una nación todas las personas hicieran lo que les apasiona y no lo que les impongan sería el país perfecto, señor lector si usted busca lo que le apasiona, lucha por ello y se vuelve ejemplo de ello, usted mejorara su nación, así mejoraremos nuestro medio y ayudaremos a muchos para que tengan una vida llena de felicidad.

Hay que insistir en que "solo haciendo lo que en verdad nos guste, lo amaremos y seremos felices", por eso debemos hacer lo posible por amar y ser felices con lo que poseemos en nuestra vida y a la vez seguir luchando por mejorar la calidad de nuestra vida en todo sentido.

Solo las personas que dejan que los sentimientos de amor y felicidad predominen en sus vidas serán personas exitosas en todos los aspectos de su vida, pues tener felicidad y amor es lo más importante para toda persona, por ello siempre será necesario que haya voluntad de nuestra parte para hacer que podamos sentir amor y realizar por ende actos de amor en nuestra vida, solo así lograremos ser felices.

**El amor no solo es un sentimiento, también es un comportamiento:**

Muchos solo ven el amor como un sentimiento hacia su pareja, pero en realidad esto no es así pues el amor es un sentimiento y también  un comportamiento que reúne virtudes como compromiso, respeto, tolerancia, amistad y muchas otras que  garantizan que todo lo que sea hace con amor ya sean relaciones personales o oficios se realizado de la mejor manera posible.

El amor es algo fundamental para lograr que nuestra vida y el mundo sean mejores, pues si no hay amor lograr una sociedad donde se realice el bien común nos será imposible, porque para que nosotros amemos todo lo que compone nuestra vida debemos primero mejorar nosotros y reemplazar los sentimientos de negativos como el odio, el desprecio o la ira por los sentimientos como la honestidad y la alegría que componen el amor, pues el amor es la fuerza que mueve el universo y por ello solo lo que se realice con amor perdurara, por lo tanto debemos por iniciativa nuestra amar a todo lo que nos rodea, cuidarlo, mejorarlo y valorarlo, porque por mas falencias que hayan en nuestro alrededor eso compone nuestra vida y eso no cambiara, pero si nosotros cambiamos con amor tendremos una vida mejor y no nos importara mas lo bueno de lo que nos rodea que lo malo, por ello la clave de una mejor vida en todo aspecto es tener en ella amor tanto en sentimientos como en comportamientos.

El amor como comportamiento es clave para tener una buena calidad de vida,  todos debemos aplicarlo en  nuestra vida porque no basta solamente sentirlo también debemos expresarlo, hacerlo más grande cada día y aplicarlo en nuestra vida;pues es así como las parejas duraderas sobreviven gracias al amor que se tienen entre ambos y así son felices, nosotros también debemos serlo en todo lo que compone nuestra vida, solo así lograremos la armonía, felicidad y prosperidad que anhelamos.

Si aprendemos a poner un toque de amor en los actos que realizamos en nuestra vida lograremos tener la vida que tanto desea cualquier persona una vida llena de alegrías, si logramos esta también lograremos que quienes nos rodean puedan lograr también una vida feliz y por lo tanto podríamos lograr que gran parte de la sociedad logre tener una vida llena de alegrías y por consiguiente una sociedad en pro del bien común.

**El poder adquisitivo de bienes y servicios, ¿da calidad de vida?:**

El consumismo ha logrado que las personas piensen que poseer cosas y bienes les da calidad de vida,  en cierta medida esto puede ser cierto, pero desafortunadamente muchas personas compran algo por simple capricho, o  se olvidan de lo que necesitan de verdad y luego lo que compran lo terminan votando o dejando a un lado, otros se concentran en ello y se esclavizan con las cosas o servicios que adquieren, volviéndose dependientes a esas cosas, olvidándose de las cosas básicas que le dan bienestar en  la vida.

Las personas que tiene una excelente calidad de vida no son las que poseen infinidad de bienes o servicios, son las que tienen una vida con pasión en todo, las que aman lo que tienen y son felices con ello, las que menos cosas necesitan para disfrutar su vida; estos podrían ser los principios básicos para lograr la calidad de vida añorada, así que debemos dejar la de pensar que los que más bienes poseen son los que tiene la mejor calidad de vida, pues esto no es así por lo contrario la gente así tienen a perder su libertad al volverse dependiente de lo que posee.

Además puede que tampoco debamos privarnos de cosas que nos gusten, pero  si nos gusta poseer bienes materiales no debemos apegarnos a ellos porque en cualquier momento los podemos perder, podemos poseer estos bienes y servicios, pero no debemos prestarles tanta importancia ni decir que son indispensables, si los queremos disfrutar podemos hacerlo pero siempre recordando que lo más importante son las cosas que se obtienen con amor como una buena amistad y una familia, no lo material.

En resumen los bienes y servicios que tengamos no nos dan más o menos calidad de vida, la verdadera calidad esta en como nosotros disfrutemos la vida con lo que tengamos, solo nosotros mismos podemos crearnos la calidad de vida que queremos, los bienes y servicios son solo parte de ella en muchos de nosotros; pero hay muchas otras personas que disfrutan más la vida que nosotros aun sin tener posesión alguna, lo que muestra una vez más que tener bienes y servicios no nos dan calidad de vida, solamente las cosas que nos dan amor y felicidad son las que realmente nos dan calidad de vida.

**Una persona con sus necesidades básicas satisfechas no tendrá necesidad de realizar actos en contra de su prójimo:**

En toda sociedad han existido clases sociales, muchas veces las clases sociales con más baja calidad de vida se ven en medio de grandes problemas que los llevan a la pobreza y por ende muchas veces para sobrevivir tienden a realizar actos en contra de su prójimo como la delincuencia, por ello los gobiernos y la sociedad entera deben tener la necesidad de idear un sistema social en donde todas las personas por más baja clase social que tengan puedan tener satisfechas todas sus necesidades básicas, en donde toda persona sin importar circunstancias logre ser feliz y disfrutar del amor.

La desigualdad social sin dudas es lo que hace que nazcan grandes problemas en la sociedad por ello se debe combatir por medio de educación espiritual y en todos los demás tipos de conocimiento, programas de alimentación, programas de cooperación entre las personas de una comunidad, programas de valores en pro del amor y del bien común, entre muchos otros tipos de programas sociales que permitan lograr acabar con la desigualdad social y por ende con los problemas que esta causa.

Aunque en esta sociedad no necesariamente una persona necesita estar en medio de la miseria para sentir la necesidad de realizar malos actos con el fin de subsistir, si es muy necesario evitar que exista la miseria en la sociedad para evitar muchos males, además de enseñar que si hay amor y felicidad en la vida los bienes materiales sobran, pues es triste ver como muchos cometen malos actos contra su prójimo cegados por la avaricia producto de desear bienes materiales por esto hay que cambiar la forma en cómo se educa a las personas de la mano con la forma en como son repartidas las riquezas.

Generalmente cuando una sociedad está hundida en la desigualdad y en la ignorancia se facilita la llegada de las líderes al poder de la sociedad y cuando esto pasa la sociedad sigue sumergiéndose en un gran caos, por podemos decir que la forma de lograr una mejor sociedad en todo sentido es acabando con la desigualdad social.

Lograr una buena calidad de vida para toda una nación solo es posible si se logra acabar con la desigualdad social, por ello es indispensable sin duda alguna que hayan en la sociedad programas en pro de un bien común que permitan lograr que cada persona pueda ser feliz y tener las cosas básicas para vivir bien sin importar su nivel social.

**Emprendamos e Innovemos para lograr calidad de vida:**

La vida es un proceso y como todo proceso está sujeta a cambios, por ende como seres humanos debemos siempre estar mejorando, para eso es necesario que siempre emprendamos e innovemos en nuestras vidas pues estos son dos factores indispensables para el desarrollo de una persona o una sociedad, pues si no se emprende ni se innova caemos en el atraso y este nos dificulta subsistir en nuestro medio.

Veamos estos dos términos no solo a nivel empresarial, veámoslostambién a nivel personal, porque las leyes  básicas de la vida se aplican en todo aspecto; lo mismo sucede con la innovación y el emprendimiento, pues esbásico en nuestra vida innovar y emprender para lograr renovarnos constantemente para mejorar, para ser adaptables a toda situación, para generar ideas para solucionar los problemas, para poder aportar ideas para mejorar nuestra sociedad, para lograr un bien común y mucho más.

Quien  emprende e innova en su vida puede disfrutarla al máximo, pues siempre se le ocurrirán nuevas cosas para disfrutarlas, quienes emprenden en su vida podrán lograr proyectos maravillosos para su vida y para un bien común, quienes innovan en su vida jamás caerán en la tortura de la rutina, por ello innovar y emprender puede darle una gran calidad de vida a una persona.

Solo nosotros podemos luchar por la calidad de vida que queremos, nadie más lo hará, debemos ser líderes de nuestro entorno, en lugar de reprochar por los problemas debemos buscarles soluciones,  para ello primero debemos ser seres capaces de dominarnos nosotros mismos, luego enseñar a las personas que nos rodean todo nuestros conocimientos, así lideraremos nuestro entorno, unas grandes herramientas para esto debe es emprender e innovar.

Toda nación exitosa lo es gracias a que sus líderes emprenden e innovan a diario, por ello quienes emprenden e innovan son el tesoro más valioso de una nación, es por eso que siempre debemos crear en nosotros el comportamiento de emprender e innovar en todo aspectode nuestra vida.

### *Reflexión final.*

*La calidad de vida no es solo aspectos de riqueza y empleo, es  también disfrutar de un ambiente físico,  arquitectónico, salud física y mental, educación, recreación y pertenencia o cohesión social; ya que este término se ha visto muy influenciado por el materialismo, haciendo que muchos olviden la esencia de la calidad de vida,  que  es tener amor y felicidad hacia la vida que se tiene, pues esto es lo que en realidad importa en la vida.*

*Solamente nosotros mismos podremos crearnos la calidad de vida que deseamos, para lograrla es muy necesario lograr emprender e innovar en nuestra vida no de forma mediocre sino lo mejor posible, con amor y con voluntad, así todo lo que hagamos siempre dará grandes frutos tanto personales como sociales.*

*Pero el aspecto más importante de la calidad de vida siempre será poder disfrutar la vida sin necesidad de poseer riquezas, simplemente sabiendo valorar las cosas que tenemos tanto materiales como sociales con amor y siendo felices con ellas, pues la belleza de las cosas no hace feliz a quien la posee, sino a quien puede amarla, adorarla y por ende disfrutarla.*

## Capítulo 6

### Igualdad, bien interpretada.

*Para un funcionamiento más justo e igualitario de una sociedad es necesario no malinterpretar el término igualdad y comprenderlo bien pues es necesario respetar los derechos  y las oportunidades de progresar de todas las personas, pero también hay que saber diferenciar que así como todos somos únicos también habrá cosas que no puedan ser tratadas con igualdad.*

*Lograr una igualdad eficaz para una sociedad si es posible, pero para hecho es necesario que el sistema social que define igualdad tanga buenas bases pues solo así este sistema funcionara pues si no tiene buenas bases unas pequeñas bases defectuosas pueden arruinar la definición de igualdad que se pueda dar.*

*Siempre será necesario que en la sociedad exista la igualdad entre todos sus miembros, solamente así se evitaran injusticias y problemas que pueden llevar a la sociedad a un gran caos o peor a un a su destrucción total, por ello nos es necesario tratar este tema de la mejor forma posible.*

**Somos iguales pero adaptables:**

Todos somos iguales pues tenemos las mismas posibilidades en todo aspecto, pero también somos adaptables pues podemos adaptarnos rápidamente a cualquier situación aunque con esto dejemos de ser iguales a las demás personas, lastimosa menta aún hay muchas personas que no entienden que somos iguales en todo aspecto pero somos distintos según el área que hayamos escogido para adaptarnos, que muchos no entiendan esto solo genera problemas en la sociedad.

Los seres humanos somos seres envidiables porquepodemos adaptarnos en la mayoría de entornos y subsistir, es ahí cuando algunos desarrollan cualidades mejor que otros según pues cada quien se adapta a su ambiente al igual que los animales y esto por ende lo hace diferente a otras personas de otros entornos.

Todos nosotros tenemos cualidades superiores o inferiores a otros dependiendo de dónde vivamos, hagamos, comamos o demás variables,por ello unas civilizaciones se desarrollaron más que otras, por su entorno mas no porque sean de una raza superior, lastimosamente de creencias absurdas sobre él porque un pueblo se desarrolló más que otroses que nacieron las ideas racistas, xenofóbicas y otras más, pero la realidad es que Darwin tenía razón en que los seres se adaptan a su ambiente, los humanos no somos exención, por ello según el ambiente de cada quien logre ser mejor en algunas cosas que otros y a la vez peor en otras cosas.

Todas las personas somos iguales pero cada uno de nosotros desarrolla cualidades de mejor manera que otros o de forma única, pero sin importar ninguna circunstancia todos somos iguales solo tenemos diferencias de acuerdo con las variables que componen la vida de cada uno de nosotros.

Nadie es superior a otros sin importar raza, país, religión u otro aspecto, solo que todos tenemos una cualidad en especial dependiendo las circunstancias a las que nos hayamos adaptado en la vida, pero como seres somos iguales en todo aspecto, debemos siempre tener presente esto y hacer de las cosas que nos hacen unos grandes herramientas para nuestro éxito y el de nuestra sociedad.

**Igualdad de oportunidades, no de reconocimiento:**

Un estado siempre debe garantizar el derecho de sus ciudadanos a tener oportunidades para su progreso de forma equitativaen todo sentido, es así como se logra que todas las personas tengan las mismas oportunidades de progreso en la sociedad, claro está que debe haber grados de reconocimiento o rango, porque si se les da la misma importancia a las personas eficaces y no eficaces,  ¿Por qué querían ser mejores las personas si a todos se les trata igual?, por ello es necesario que se reconozca de una forma u otra a las personas que sobresalen en la sociedad.

En una sociedad o en nuestra vida siempre es indispensable dar prioridad a lo más importante o útil, pues así se podrá tener mejor provecho de las mejores cosas, pero también es indispensable contar con  la igualdad de oportunidades, porque la sociedad debe ser imparcial y equitativa con las oportunidades para así asegurar que las personas que sobresalgan en la sociedad sobresalgan por mérito propio y no por alguna clase de injusticia.

No se debe tratar igual una persona, producto o algún otro factor eficiente o con gran rendimiento a otro que solo haga lo normal o mucho menos; es siempre necesario premiar y promover los factores líderes, competitivos, los pioneros, darles la prioridad que se han ganado, así se genera cada vez más competitividad y calidad en todo lo que compone la sociedad, es de ahí que los países, las empresas y personas que ponen de primeras lo que de verdad es importante sobre lo menos útil son los que triunfan.

Claro está que esta prioridad los lideres siempre tienen que defenderla, muchas sociedades cometen el error de darles importancia a factores  que en un momento fueron importantes, competitivos y pioneros, pero luego decayeron y les siguen dando la misma importancia como cuando eran eficaces, esto es un grave error pues así la sociedad también decae en muchos aspectos, es por esto que siempre se debe estar innovando, emprendiendo y actualizando además de no confiarse por una posición privilegiada para evitar que todo el éxito ganado con trabajo duro se desborone por un descuido.

La sociedad sin duda alguna debe premiar los buenos líderes, pero solo los líderes  son responsables de mantenerse en su lugar por ello es necesario que hayan oportunidades constantes para que las personas que quieran ser líderes en su sociedad puedan tener los recursos necesarios para lograr su objetivo además de que así se generaría una competencia entre dichos líderes que los ayudaría a ser mejores cada día.

Es tan importante la igualdad de oportunidades para que siempre hallan buenos líderes, a la vez los que no lo son si se esfuerzan por ello lo logren y para que los líderes que ya no sean líderes puedan ceder su espacio a los que merecen la oportunidad, todo esto y muchos más factores de un sociedad funcionaran de forma eficaz con la igualdad de oportunidades.

Desde un punto de vista técnico la igualdad de oportunidades da un principio de igualdad para el progreso de toda persona de forma transparente, además si se da un reconocimiento a los mejores, es una forma simple y fácil de lograr que los mejores líderes sean los líderes de la sociedad y de que esta por lo tanto este en un mejoramiento constante en pro del bien común.

**¿Cómo lograr un equilibrio de  la igualdad de oportunidades con las palancas?**

Siempre que tenemos la posibilidad de ayudar con alguna cosa a un amigo o familiar, lo hacemos sabiendo que esto implica quitarle una oportunidad a una persona que quizás lo merezca más,  esto en algunos países latinoamericanos se le dice palanca; y es uno de los factores que más causan desigualdad de oportunidades y conflictos en la sociedad, pero es a la vez difícil acabar esta forma de ayudar en nuestra sociedad a nuestros seres queridos por lo que solamente no es necesario lograr un equilibrio en la sociedad entre las palancas y la igualdad de oportunidades.

Es un hecho innegable que siempre intentaremos ayudar a nuestros seres más cercanos, por encima de los demás, normalmente ninguna persona ha preferido ayudar a alguien que no conozca primero que alguien que cercano a él; por lo que podríamos decir que las palancas no desaparecerán de nuestra sociedad.

Como es necesario lograr un equilibrio con la igualdad de oportunidades, es menester que esos pocos que tienen una ventaja (la palanca) sobre los demás muestren que pueden realizar la labor que se necesita realizar de forma eficaz para que así no se le dé la oportunidad de una persona eficiente a una persona ineficiente, quizás no se sepa si hay alguien mejor pero al menos se sabrá que quien lo está haciendo lo hace de forma óptima, sino son capaces de esto lo que debe ser justo y necesario es que las personas que les dieron la oportunidad a pesar de tenerles aprecio, los reemplacen y les den la oportunidad a otros, pues un grupo debe ser eficiente en todo aspecto y si alguien no rinde no es justo que este donde otro lo aria mejor, además de que esta persona es un riesgo para que el grupo baje su calidad.

Además para frenar en parte el fenómeno de las palancas, es necesario que la persona que le facilite a sus amistades oportunidades, tome conciencia sobre si su amigo lo merece, si es así hará bien en darle la oportunidad, pues no solo se debe decidir ayudar a alguien por conocerlo, es también necesario que quien le da una palanca a alguien se sienta responsable de los actos de su recomendado por el hecho de haberle dado ventaja sobre otros, así  las personas pensarían dos veces antes de darle una palanca a alguien y abría menos probabilidades de que hayan personas ineficaces en sitios donde deberían haber personas eficaces.

Las palancas no desaparecerán jamás, es un hecho pero de todas formas como personas y líderes siempre debemos hacer lo posible por frenarlas o al menos impedir que estas sean perjudiciales para la distintos grupos de la sociedad, pues cuando una persona ineficaz entra a una grupo eficaz por culpa de una palanca genera muchos problemas para ese grupo, por ello al menos si se va a palanquear a alguien al menos se debe procurar que sea eficaz.

**La educación, clave para lograr una igualdad:**

Uno de los factores sociales que más necesita una nación es la educación, es claro que los que más tienen acceso a ella son quienes después tienen ventajas sobre las otras personas, por ello solamente se puede lograr una igualdad de oportunidades en la sociedad si se logra educar a todas las personas por igual.

En muchos países ya hay el derecho básico a la educación, pero la educación pública no es de la misma calidad que la privada y esto genera desigualdad, por lo que sería ideal que se pudiera lograr un sistema de educación con calidad y equitativo para todas las personas de la sociedad sin importar su posición social, así se podría lograr igualdad de oportunidades pues todas las personas partirían con la misma educación así nadie tendría ventajas sobre otros sin que se esfuerce para ello.

Para lograr una educación con equidad y calidad para todas las personas sería necesario que no hallan instituciones privadas y que si las hay sean para las personas que se hallan ganado el derecho a estar en ellas por méritos no para quienes tengan más posibilidades económicas, que se impida lo mejor posible problemas como el matoneo,  también sería necesario comprometer a los educadores para que realicen su trabajo con pasión y amor, también sería útil lograr diseñar un sistema donde los estudiantes tengan prácticas sobre las cosas que le gustaría realizar en su vida, también lograr que la gente sea feliz aprendiendo y que no vean esto como algo obligatorio, entre muchas otras más cosas para lograr una educación igualitaria y con calidad para todos.

Si todos recibieran la educación con la misma calidad, esto ayudara a que los verdaderos líderes sean líderes, porque todos tendrían las mismas oportunidades, nadie tendría privilegios sobre otros y por ende habría igualdad de oportunidades, la educación es la base de toda sociedad por lo tanto con una educación igualitaria las demás cosas de la sociedad también serían igualitarias.

**Igualdad de derechos algo fundamental:**

La esencia de la igualdad en la sociedad está en los derechos de cada persona, pues tratar de generar una igualdad en la forma de vida de todas las personas solo genera estados dictatoriales además de la infelicidad de la mayoría de personas, pues todas las personas somos diferentes por muchos factores como son nuestros gustos o placeres, por ello tratar de lograr que toda persona posea las mismas condiciones de vida es algo absurdo pues como todos tenemos gustos distintos hacer que todos tengan una vida igual traería más injusticias que prosperidad a una sociedad.

Como lograr una igualdad de forma exacta en todo aspecto en la sociedad no es viable, hay que descartar este tipo de igualdad, solamente quedaría garantizar los derechos civiles de en pro de un igualdad para todos, de forma que se garantice que cada persona tenga derecho a una alimentación digna, a una educación de calidad, a un trabajo digno y de su gusto, a un vida con facilidad de adquirir lo que necesita, a una vivienda digna, a una recreación ideal entre muchos otros más derechos que no deben hacer que todas las personas tengan una vida absolutamente igual para que si puedan asegurar que toda persona pueda disfrutar de su vida.

Comprender que todos merecemos los mismos derechos pero que somos diferentes y por lo tanto que no podemos tener una vida igual es fundamental para que en nuestra sociedad podamos lograr una igualdad de derechos, si esto se logra las diferencias que hallan en la sociedad no serán motivo de injusticias y por lo contrario serán motivo de regocijo en la sociedad.

Como personas si aprendemos a que todas las personas merecen los mismos derechos pero que a la vez son distintas podremos mejorar enormemente nuestra capacidad para relacionarnos con otras personas y lograr relaciones "Ganar Ganar" pues así nos evitaremos cometer muchos errores, es por ello la importancia de difundir este concepto pues saber que todos merecemos los mismos derechos pero que a la vez somos diferentes es crucial para lograr un bien común.

### *Reflexión final*

*El concertó de igualdad es uno de los temas más completos y complicados de hablar, pero es necesario como personas que comprendamos este concepto de la mejor forma posible para poder lograr en nuestra sociedad una igualdad de derechos que logre un bien común, pues si se piensa en lograr una igualdad extrema como se plantea en el comunismo la sociedad perderá su libertad por ello es mejor comprender que todos somos diferentes y que por ello un sistema social no puede tratar de imponer un mismo estilo de vida para todas las personas pero si se puede garantizar una igualdad de derechos para que toda persona pueda tener una vida con todas sus necesidades satisfechas.*

*Lograr un igualdad perfecta en todo sentido no solucionará los problemas de una sociedad porque la sociedad es poderosa gracias a la variedad, por ello es necesario lograr una igualdad de derechos en lugar de una igualdad absoluta, una igualdad de derechos que permita a todas las personas disfrutar la vida en todo sentido.*

*La sociedad siempre necesitara lideres para su óptimo funcionamiento, siempre habrán personas que deseen ser líderes y otras que no, por lo que es necesario que hayan mecanismo que le facilite a quienes quieran ser lideres la posibilidad de serlo además de que haya cierto reconocimiento para ellos, pues las labores de un líder siempre será las más difíciles y por ello es justo que tengan una motivación para que pretendan ser mejores cada día y por ende sea mejor su trabajo, pues muchas veces sin motivaciones para mejorar solamente en estancamiento en estos líderes y por ende en la sociedad.*

*Para lograr una igualdad de derechos eficaz sin dudas es necesario que todas las personas tengan acceso a los derechos mínimos como es una buena alimentación, la educación, la recreación entre muchos otros pues solamente así toda persona sin importar la clase social que sea podrá tener una vida digna y feliz, y por lo tanto las injusticias sociales desaparecerían.*

**Capítulo 7**

**Educación para todo factor.**

*La educación es uno de los factores más importantes en la vida de las personas y de las sociedades, es el factor que garantiza que hallan las bases para  renovación, innovación, adaptación y muchos otros factores necesarios para garantizar que una persona sea feliz y una sociedad prospera.*

*La educación no es solo resección de información, esta se compone de muchas otras cosas más que la hacen importante y que son cruciales para el progreso, la educación debe ser también algo que enseñe a las personas a aplicar lo que aprenden en su vida de la mano con valores que guíen sus actos en pro de un bien común.*

*La educación es algo que debe estarce renovando a medida que la sociedad progrese y que siempre sin importar nada esta debe apuntar a la facilitar la felicidad de las personas y a lograr un bien común, con una buena educación la sociedad puede solucionar en corto o largo plaza sus problemas por ello es necesario plantear buenas bases para una educación ideal.*

**La pasión por lo aprendido:**

La pasión es indispensable para lograr que algo salga bien con los resultados deseados, pues es necesario que haya pasión por lo que se realiza para que esto no salga mal, porque cuando hacemos algo sin pasión falta esa fuerza guiada por el amor que nos inspira a dar lo mejor de nosotros y a luchar contra las adversidades con tal de triunfar en lo que queremos, es por ello que es ideal que tengamos pasión por todo lo que aprendemos, es así como podemos disfrutar y hacer grande cosas con esos conocimientos.

Un gran error que cometen muchos es estudiar algo sin sentir pasión por ello,es lamentable que muchos piensen que estudiando algo que nos les gusta progresaran o aportaran algo a la sociedad, pero en realidad simplemente están perdiendo el tiempo, pues esto es algo que genera profesionales mediocres en una sociedad y algo que genera subdesarrollo en la misma, además de algo peor que es privar a la persona de muchas alegrías solamente por escoger una carrera equivocada.

La persona debe tener en cuenta antes de dedicarse a cualquier cosa analizar bien si es lo que desea y le despierta pasión, convencerse de ello y apasionarse por ello; sería también útil para toda persona que el sistema sociallograra guiar a las personas para que puedan descubrir lo que les apasiona y la forma de como especializarse en ello de forma en que puedan contribuir a un bien común, una sociedad funciona mucho mejor con personas especializadas en lo que les gusta que con personas que trabajen en algo que nos les apasione y que por consecuencia trabajen de mala gana.

Aprender es un gran placer pero solamente si se aprende algo que apasione, por ello sin duda alguna es necesario que toda persona aprenda sobre lo que le apasione y luche por hacer de esto su fuente de trabajo, así la sociedad podrá gozar de mejores bienes y servicios además de eliminar muchos problemas relacionados con el inconformismo de las personas, pues cuando hay pasión hay amor y si hay amor habrá prosperidad tanto para una persona como para toda una sociedad.

Es necesario también como personas sepamos bien lo que queremos ser, pues ser alguien indeciso solo atrasa su desarrollo personal y priva a su comunidad de un futuro profesional; es por eso que a un estudiante se le debe dejar experimentar en un plazo varias labores y ayudarlo a descubrir lo que más le apasiona, pues todos tienen un propósito, solo es cuestión de que lo hallen para que lo puedan desempeñar y por ende que sean felices y aporten a un bien común.

**La fe mueve montañas, pero solamente con ayuda del conocimiento las moverá al lugar indicado:**

Tener fe siempre será algo muy importante para toda persona, sin importar que cultura tengamos, todos como personas necesitamos creer en algo, pues hasta las personas que dicen llamarse ateos creen en una causa o en ellos mismos (creer en nosotros mismos es algo que todos debemos hacer), la fe que tengamos siempre nos guiara en nuestra vida, pero para que nos guie por un buen camino es necesario que este de la mano con el conocimiento.

La fe puede mover montañas pero solamente con la ayuda del conocimiento podrá moverlas al lugar indicado, pues la fe tiene un gran poder en una persona o en una sociedad, pero si no está de la mano con el conocimiento esta fe corre el riesgo de volverse un fanatismo o peor aún ser manipulada para cometer cosas fatales, de igual forma que un conocimiento sin fe se desperdicia pues no habría una motivación que lo impulse a lograr grandes proyectos.

En el sistema de educación sin duda alguna se necesita enseñar a crear conocimiento porque la educación más que transferir conocimientos debe enseñar a crearlo, y en este aspecto también es importante la fe pues se necesita de esta para tener la guía y la confianza que permitan darnos la voluntad para seguir adelante en la creación de ese conocimiento.

Una buena educación debe enseñarle a toda persona que siempre podrá crear sinergias con virtudes sociales como la solidaridad o la honestidad en su vida, que no es malo que tenga fe por algo y que por lo contrario que esta fe puede ser una gran herramienta para lograr grandes cosas en su vida de la mano con el conocimiento, pues después de todo las personas verdaderamente exitosas lo son porque jamás perdieron la fe en sus sueños y los lograron con ayuda de su conocimientos.

**Debe haber un equilibrio entre la educación personalizada y la convencional:**

Todos los extremos son malos de cualquier tipo y en cualquier tema o factor, la educación no es la excepción, es por ello que la educación necesita estar compuesta por muchos factores para que sea optima, pero también debe que tener algo de cada factor y no irse mucho a un extremo pues esto es perjudicial, solamente si el sistema educacional logra un equilibrio entre todos sus factores podrá lograrse una educación de calidad y completa en todo sentido.

Una de las clases de educación más importantes para que una persona pueda desarrollar mejor su talento y su talento es la educación personalizada, pues todos nosotros somos diferentes y por lo tanto muchas veces aprendemos de distinta forma a como aprenden otras personas o también de acuerdo a nuestros gustos tendemos a especializarnos en aprender distintas cosas, y por ello para facilitar el aprendizaje es mejor introducir la educación personalizada pues así una persona pueda aprender de la forma que más le guste y se le facilite, a la vez de aprender de forma personal y especifica.

Por el otro lado la educación convencional, la que trata de ir a un colegio y compartir con otras personas un espacio y un aprendizaje, esta educación es también necesaria pues es vital para que una persona aprenda a socializar y a tener conocimientos íntegros para su vida.

Una persona debe aprender de forma equilibrada por medio de estas dos formas de educación, pues tanto la educación personalizada como la convencional son fundamentales, pero también pueden ser malas si se usan en extremos y sin ir de la mano con el otro tipo de educación, pues la educación personalizada en extremo puede hacer a alguien antisocial y hacerlo carecer de conocimientos integras y la educación convencional puede no enseñar bien los temas preferidos por una persona; es por esto y otros factores que la mejor forma para educar a una persona es con un equilibrio entre la educación personalizada y la convencional.

**Saber aplicar lo aprendido:**

Las personas exitosas generalmente son quienes saben aplicar a su vida lo que aprenden, ya que este es el propósito de la educación: enseñar a cómo aplicar conocimientos aprendidos y como crear nuevo conocimiento, pues independientemente de cómo una persona aprenda en su vida solamente si logra aplicar a su vida los conocimientos que adquirió podrá aprovecharlos para ser mejor cada día y aportar con su trabajo a un bien común.

Una buena educación no es solamente dar conocimientos en teoría,  es también enseñar a aplicar el conocimiento en situaciones reales, esto generalmente todos lo sabemos, pero como los humanos algunas veces sabemos que hay cosas que nos perjudican y aun así recurrimos a ellas, es necesario que todo estudiante se exija así mismo para que aprenda a aplicar a su vida lo que aprende y que no se quede solamente en teoría; además de no empeñarse por aprender algo que no le gusta pues se puede dar por hecho que no sabría aplicar después ese conocimiento.

Aplicar lo aprendido sea en la solución de problemas o en la creación de oportunidades para mejorar la vida personal o a la sociedad es algo que debe aprender a realizar toda persona, pues un conocimiento que no se pueda aplicar cualquier campo de la vida no sirve de nada,  por ello es también necesario que una persona aprenda de forma propia a saber qué es lo que le motiva aprender para así por ende aplicarlo en su vida, pues solamente somos buenos en las cosas que amamos hacer.

Es necesario que nos guste lo que aprendamos, que tengamos disposición para adquirir nuevos conocimientos y para aplicarlos en nuestra vida; solo sabiendo aplicar lo aprendido y realizándolo con amor podremos destacarnos ante la sociedad, sino es así perderemos mucho en nuestra vida pues correríamos el riesgo de ser malos profesionales y no ser felices con lo que hacemos.

**Comuniquémonos educadamente:**

Nosotros los seres humanos por naturaleza necesitamos socializar, porque tenemos la necesidad de emitir comunicación y de recibirla, pues lacomunicación es la forma en la que podemos relacionarnos con otras personas, esta relación es esencial para todos los aspectos sociales de la vida de una persona y es la base da la sociedad misma, pues la humanidad si no hubiera podido comunicarse no hubiera creado la sociedad civilizada.

Nuestra comunicación transmite nuestros pensamientos y sentimientos, a la vez de dar a conocer nuestros actos, esto hace que la comunicación tenga un gran poder en toda persona, pues si comunica cosas negativas por consiguiente sus actos, pensamientos y sentimientos serán negativos, de igual forma se comunica cosas positivas sus actos, pensamientos y sentimientos serán positivos, por ello es necesario aprender a controlar lo que comunicamos para que esto sea para nuestro bien personal y común.

En el tema de la educación es muy importante la comunicación pues esta le permite a las personas interactuar para adquirir los conocimientos de su prójimo, pero para que ese intercambio y creación de conocimientos se de forma correcta es necesario una buena forma de comunicación pues si no es así en este proceso pueden haber malas interpretaciones que atrofien y estanquen el intercambio de conocimientos y la creación de estos.

La comunicación es lo que permite la coordinación y el funcionamiento en todo sistema, sin ella no habría sistema, un ejemplo de esto es nuestro propio ser:pues nuestro cerebro comunica a nuestro cuerpo las acciones que hacemos;por ello podemos ser mejores personas si reprogramamos nuestros pensamientos y sentimientos, pues esto acaba las energías negativas y crea energías positivas, nosotros somos quienes le damos sentido a nuestra vida, por ello si comunicamos a nuestra mente como deseamos ser, ella creara nuevos paradigmas en nosotros para que seamos así.

Si logramos comunicarnos de buena forma con los demás podemos generar un ambiente adecuado, eficiente y cómodo, pues las palabras son el principio de nuestros actos y también de nuestras relaciones con los demás, por lo tanto solamente teniendo una comunicación cordial y agradable con otras personas podemos lograr socializar de forma eficaz con estas para el propósito de lograr un bien común.

De una sola palabra puede nacer un conflicto, de una sola palabra se puede ganar un amigo, de una sola palabra nuestra vida cambia, tengamos siempre esto en cuenta; cuando sociedad se comunica mal entra en caos, nosotros podemos hacer el cambio, pues al comunicarnos buena manera podemos mejorar en gran medida nuestra vida y la sociedad, por ello debemos comunicarnos educadamente.

**Enseñemos lo que sabemos:**

Los conocimientos deben ser siempre compartidos, pues siempre se deben transmitir entre todos nosotros, es así como este conocimiento se puede aplicar, expandir y mejorar, además un conocimiento que no sea compartido está condenado a desaparecer, pues el conocimiento es igual que el amor solo se hace más grande si se comparte y si se tiene retenido solamente morirá.

Nosotros todos los días aprendemos algo, aprendemos conocimientos buenos y malos pero la mayoría de esto en algún momento de nuestra vida esútil para nosotros, es claro como los conocimientos son útiles en nuestra vida, pero también debe ser claro que la mejor forma de adquirir conocimientos de calidad es compartiendo los nuestros con otras personas, pues esta interacción siempre enriquece todas las partes participantes.

Lamentablemente en la sociedad hay una gran escases de buenos profesores, no solamente en los centros académicos en toda la sociedad; pero afortunadamente todos de forma consciente o inconsciente transferimos nuestros conocimientos a otros, por lo tanto todos somos profesores, por ello solamente con que demos a conocer nuestros conocimientos de forma desinteresada y con amor contribuiremos a mejorar nuestro mundo, si todos compartiéramos como sociedad los conocimientos que nos son útiles lograríamos juntos lograr una gran nación.

Nadie gana nada separándose de su comunidad, pues los humanos somos la especie que controlamos el planeta gracias a que trabajamos en equipo y compartimos nuestros conocimientos; todo lo bueno que hemos logrado es gracia al bien común y a la mejora continua de nuestros conocimientos.

**En la educación debe haber un equilibrio entre la imaginación y el conocimiento:**

Todo sistema de educación debe sin duda alguna enseñar a las personas a creer en su imaginación y hacer de esta algo provechoso, de igual forma que debe transferir conocimiento con el fin de mejorarlo y aprovecharlo, pues tanto la imaginación como el conocimiento son características indispensables para lograr que se pueda aprovechar de forma eficaz la educación.

Es normal que algunos dominen más el conocimiento que la imaginación o viceversa, si la persona le agrada esto es bueno que se especialice en lo que más domina pues así puede aprovechar su talento para disfrutar su labor y contribuir con un mejoramiento continuo en el área laborar en la que se desempeña, pero sin olvidar el otro campo porque siempre necesitara de ambos campos en su vida.

La educación y el conocimiento son igual de importantes, quizás siempre por naturaleza nuestra tenderemos a hacer todo con el que mayor ventaja tengamos, pero nunca debemos subestimar al otro, pues siempre ambos son indispensables y ambos son usados en todo sea de forma consciente o inconscientemente así dominemos más uno que el otro.

Siempre que uno de estos no nos sea útil podemos usar el otro y si ninguno de los dos sirve, combinando los dos lograremos nuestro propósito, aprender a imaginar y adquirir conocimiento siempre será importante para nosotros pues solo así podremos realizar varios propósitos en nuestra vida, de la misma forma que solamente la sociedad puede lograr grandes proyectos si combina el conocimiento con la imaginación.

### Reflexión final

*La educación sin duda alguna siempre es indispensable para todos nosotros como individuos y sociedad, todos aprendemos cosas nuevas cada día, esto es un principio de la vida el cual debemos aprovechar para ser mejores cada día; además nos es menester aprender bien a relacionarnos con otras personas para que podamos interactuar nuestros conocimientos con los de ellos con el propósito de que haya un aprender ¨Ganar Ganar¨.*

*Solo sintiendo amor y pasión por adquirir algún tipo conocimiento, lograremos ser maestros en lo que deseemos hacer, nunca aprenderemos bien algo que no nos guste, porque los seres humanos solo rinden al cien por ciento cuando realizan lo que hacen con amor y pasión.*

*Nosotros cuando adquirimos conocimientos útiles debemos si nos es posible aplicarlos en la vida, pues es así como logramos mejorar en todo aspecto de nuestra vida, además si aprendemos un nuevo conocimiento pero no lo aplicamos en nuestra vida es igual a que no lo conociéramos.*

*Para nosotros poder recibir y transmitir conocimientos siempre debemos sabernos comunicar, para ello necesitaremos de los demás, siempre tendremos que aprender a llevarnos bien con otras personas pues si no es así estaremos aislados en nuestra sociedad; también es necesario aprender a conocernos y comunicarnos nosotros mismos, porque si no controlamos nuestra mente nos será imposible lograr cualquier cosa pues lo que nace en nuestra mente serán las bases de nuestra acciones.*

*El conocimiento siempre se debe transmitir, pues si no es así este conocimiento desaparece, por ello debemos trasmitirlo pues así garantizamos que este perdure además de tener la posibilidad de mejorarlo, pues la clave para mejorar la sociedad no es solamente transmitir conocimiento, es también crearlo.*

*La imaginación y el conocimiento son indispensables para la educación, porque ambos siempre serán necesarios para la vida de toda persona, pues ambos se complementan mutuamente por el solo hecho de que no puede haber nuevo conocimiento si no hay imaginación y de que no puede haber una imaginación realista si no hay conocimiento.*

**Capítulo 8**

**Justicia y Leyes**

*Para que una sociedad funcione eficazmente necesita tener reglas con el propósito de regular las actividades de las personas, estableciendo lo que es bueno y malo, estableciendo los deberes del estado ante la sociedad y para establecer los deberes del ciudadano ante su sociedad y el estado; toda sociedad siempre necesitara reglas que lleven a leyes pero lo más importante de estas es que garanticen el orden de la sociedad y los derechos de cada persona.*

*Nosotros como personas también necesitamos tener nuestras propias reglas que moldeen nuestros comportamientos, estas reglas debemos ser conscientes que deben ser con el propósito de ayudarnos a ser mejores personas y que nosotros debemos desarrollar disciplina para cumplirlas pues son para bien nuestro.*

*Para que haya justicia en una sociedad es necesario que hallen reglas sociales que garanticen impedir lo más posible todo acto que amenace los derechos de una persona o grupo entero, pues si un sistema tiene un sistema de leyes complejo pero no tiene reglas sociales para que sea justo, este sistema no podrá garantizarles justicia a las personas.*

*Actualmente en nuestra sociedad muchas personas forzadas por la desigualdad social se ven forzadasa  violar las leyes por necesidad, esto genera muchos problemas sociales como la delincuencia común, por ello es necesario también que las leyes de la sociedad puedan contribuir a garantizar la disminución de las injusticias sociales.*

**Generar reglas para evitar leyes; reglas que deben generar agrado:**

La palabra regla puede tener varios significados pero yo prefiero este principio: precepto o máxima de una ciencia o arte, algo que el sistema para el cual está ejecutada actúe con gusto, agrado y costumbre, que no sea algo obligado ni incómodo para el sistema; pues una persona naturalmente cumple con una regla que sea de su agrado y costumbre, y rara vez cumple una regla que no sea de su agrado.

Una ley es  una norma jurídica dictada por un legislador, es decir un precepto establecido por la autoridad competente, en que se manda o prohíbe algo en consonancia con la justicia, su incumplimiento trae  una sanción; por lo tanto deberíamos llegar a las leyes cuando no funcionan las reglas, pero cuando una regla social no funciona deberíamos en vez de hacerla cumplir con una ley, analizar primero porque no funciona, pues su no funciona puede ser señal de que fue mal elaborada.

La base para que toda persona o sociedad funcione en orden es que tenga agrado y naturalidad por lo que hace, pues si se fuerza a una persona hacer algo en contra de su agradono obtenemos un resultado eficaz por lo contrario será un resultado deficiente, es por eso necesario que se pueda lograr un sistema social con reglas sociales que sean del agrado de las personas para que las cumplan por naturaleza y contribuyan a un bien común.

Las leyes se deben evitar al máximo, aunquealgunas leyes no se podrán evitar, lamentablemente hay muchas leyes que obligan y penalizan cosas que afectan a muchos y si traen beneficio alguno es casi nulo, hay que tratarde quitar esas leyes estúpidas que tanto atrasan a la sociedad, una forma de evitarlas es que creemos reglas que sean rutinascon las que estemos a gusto para poderlas cumplir con disciplina.

Para que todo funcione de forma correcta se necesitan reglas, cuando estas reglas son agradables y cómodas para quienes las deben cumplir no hay necesidad de leyes para hacerlas cumplir; este debería ser el principio básico de las normas que nos rigen socialmente o personalmente, pues una persona feliz hará sus funciones de forma eficaz logrando el bien común y su bien personal.

Las reglas ante todo deben ser justas y no martirizantes, pues cuando a una persona es obligada a cumplir reglas martirizantes para ella, terminara haciendo las cosas mal, teniendo una vida infeliz, llegara el punto en que se revelara y no hará nada, es por ello la necesidad de hacer reglas agradables pues solo con estas las personas darán lo mejor sí mismas.

Para crear reglas primero se debe analizar como introducirlas con agrado y que bien traerá; es necesario que toda regla tenga disciplina para garantizar un orden y que se vea que ella traerá un beneficio a corto o largo plazo pues una regla que no traigo beneficio alguno es algo inútil además una regla puede ser muy buena pero si no hay disciplina para cumplirla esta no podrá realizarse, pues la disciplina es esencial para lograr cualquier cosa.

Demos un ejemplo sencillo: la mayoría de los casos en que la educación no funciona se debe a que no hay disciplina en el estudio, aparte de eso no hay motivación ni placer por ella, el estudiante la percibe como un castigo, llega el punto en que el estudiante se opone a estudiar; para cambiar esta situación es necesario replantear la educación en la mente del estudiante, inspirarle pasión por el estudio e interés por ella, crearle reglas para que estudie por habito con disciplina, también es muy importante que tenga tiempo para descanso y distracción controlada, porque si se fuerza mucho no tardara de nuevo a odiar el estudio pues toda rutina es perjudicial; En base al ejemplo anterior podemos entender porque en nuestra sociedad algunas reglas no funcionan y tienen que convertirse en leyes, y si no son cumplidas castigar a quienes las violan.

**Nuestras reglas personales:**

Cada uno de nosotros tiene reglas personales que nos van guiando nuestra forma de vida, algunas las tenemos por influencias externas como nuestra cultura o la familia y otras nosotros mismos nos las creamos,por ello nosotros mismos nos generamos paradigmas para acatar esas reglas consciente o inconscientemente.

Nosotros somos quienes nos instauramos nuestras reglas personales, por lo tanto no tiene sentido que nosotros mismos nos condenemos a cumplir reglas que no sean de nuestro agrado,lamentablemente esto es lo que muchos hacen y de ahí nace el primer problema de  los seres humanos que es no estar conformes con su vida.

Es claro que hay aspectos indispensables que debemos tener en la vida como, respeto, disciplina, honradez entre muchos otros, pero seamos conscientes que la única forma para que rindamos de forma eficaz haciendo lo que nos guste, y que cuando alguien se ata a reglas que lo martirizan en aspectos de su vida como el trabajo, su  pareja o su estudio solamente arruina en gran parte su vida además de arruinar en parte la vida de quienes lo rodean.

Como nosotros somos los que creamos nuestra vida podemos hacer que esta sea grandiosa o no solamente con la manera como decidamos verla, por ello tenemos el poder de escoger lo que nos apasiona o en su defecto de hacer interesante para nosotros algo que no nos guste pues con las reglas que creamos dentro de nosotros podemos crearnos un percepciones agradables de nuestro entorno,  no tenemos por qué martirizarnospues podemos lograr  que hacer lo que nos guste para poseer paz y amor en nuestra vida.

Una vez realicemos lo que nos guste es necesario que cumplamos las reglas que nosotros mismos no colocamos con disciplina, así tendremos garantizado que daremos lo mejor de nosotros en nuestras labores y así seremos felices y tendremos paz interior además de contribuir con nuestras acciones a lograr una sociedad alegre y prospera.

**La regla del bien común:**

Cuando una sociedad actúa en pro de un bien común, esta podrá disfrutar de virtudes como la paz, la prosperidad, la solidaridad, el progreso entre muchas otras pues es el bien común lo único que puede unir a toda una sociedad con amor para que esta logre satisfacer todas las demandas sociales y lograr una vida ideal para todos sus miembros.

Trabajar por el bien común es la solución a los males de la sociedad, por lo tanto este debería ser una regla más de nuestra vida, al igual que toda regla personal nos debe agradar, este debe ser parte de nuestra rutina, pues el bien común es algo que favorece a la sociedad entera y nosotros mismos como personas pues enriquece nuestro ser; pero para lograr este de la mejor forma posible debe nacer en nosotros la voluntad para realizarlo, pues si no es así no sentiremos la dicha que se debe sentir cuando practicamos el bien común.

Para poder practicar el bien común de forma natural en nuestras vidas necesitamos dejar de pensar solamente en nuestro bien personal, tener la voluntad de dar lo mejor de nosotros a nuestro prójimo, compartir con amor lo que tengamos, contribuir con el bien del nuestro prójimo así ello implique sacrificio nuestro, entre más cosas que enriquecerán nuestra vida y que solo se pueden hacer teniendo la voluntad de realizar el bien común.

Logra que hagamos del bien común un regla para nosotros en la vida no es complicado pues si hacemos este con voluntad y amor, disfrutaremos al hacerlo, de igual modo si se enseñara esto a todas las personas hacer del bien común un regla social sería fácil además de que traería muchos beneficios para esta sociedad que se hunde en caos gracias a la falta solidaridad entre sus ciudadanos.

**Reglas Sociales:**

Desde el comienzo de la civilización han existido las reglas sociales, pues estas siempre tratan de que haya valores básicos que lleven a una moral social que permita una convivencia pacífica entre todas las personas de una misma cultura o inclusive con otras culturas, por ello en la actualidad no sería difícil poner reglas sociales si se hace esto con voluntad.

Desafortunadamente estas reglas sociales personas con malos valores las irrespetan, pues estas reglas sociales se deben enseñar desde la infancia en la familia y cuando en la familia no se enseñar bien o peor aún si no se enseñan, las personas en su madures no las cumplirán generando así un problema para ello toda su vida y para la demás sociedad; por ello es necesario enseñarlas de la mejor forma posible y diseñar por medio de leyes un sistema de prevención para que estas reglas se cumplan.

Todos siempre tendemos a diferenciarnos de los demás, esto es algo natural de nosotros como seres individuales y hasta en grupo; estas diferencias son buenas cuando se hacen a base de tolerancia y del bien común pues una ventaja de estas es que las debilidades de unos son las fortalezas de otros por ello si trabajan en equipo se puede lograr un bien común, pero si hay malos sentimientos estas diferencias pueden llevar a conflictos, por lo que es necesario establecer una regla social que invita a las personas a trabajar en grupo y a tolerar a su semejantes.

Las reglas sociales también se ven afectadas por la desigualdad social, pues muchas veces así haya sido bien educada una persona esta si está en una grave situación se verá tentada a violarlas reglas sociales con el fin deobtener su sustento, por ello es necesario lograr con las reglas sociales disminuir lo más posible la desigualdad social, para que así nadie tenga la necesidad de hacerle daño a su prójimo.

Las reglas son muy importantes para garantizar una prosperidad en de una sociedad, pero son a la vez vulnerables porque por más sanciones que haya por violarlas si no hay bases de ellas en las personas desde el principio de sus vidas y si no hay una calidad de vida digna en la sociedad siempre serán violadas, solamente garantizando que toda persona tenga una vida digna y que se practique el bien común en la sociedad esta podrá estar en armonía.

Para que las reglas sociales funcionen en una sociedad es necesario que toda persona las conozca, las practique y sean de su agrado, que generen un beneficio a todos los que la practican y que los líderes sociales den ejemplo de cómo esta beneficia a la sociedad, con estas cosas básicas con ayuda de otras las reglas sociales podrían contribuir a una mejor sociedad en todo sentido.

**Un sistema complejo no siempre es bueno:**

La sociedad necesita sistema para funcionar de forma eficaz, sin embargo lo importante sobre todo sistema es que tenga buenas bases para que funcione adecuadamente en lugar de ser complejo, pues son las bases las que moldean la totalidad del sistema en cambio algo complejo puede tener sus ventajas y sus desventajas, pero algo muy complejo puede tener más desventajas que ventajas; un ejemplo de ello es el sistema de leyes colombiano uno de los más complejos del mundo, pero esa complejidad siempre ha facilitado a quienes deslinguen en Colombia  quedar en libertad pues el sistema es tan complejo que unas leyes se contradicen con otras, unas leyes toman mucho tiempo para ser analizadas y se vencen los términos, son fáciles de manipular, entre muchas cosas que han al sistema de leyes colombiano injusto.

Podemos mirar en nuestra sociedad como un sistema complejo de cualquier clase tiene muchas desventajas, por ello es necesario que todo sistema en lo posible se pueda realizar de forma fácil de entender pues así el rendimiento de este es más eficaz, esto se puede realizar cuando el sistema se comienza con buenas bases que lideren su proceso y que sean básicas para que tengan un objetivo específico para así cualquier adaptación que se le haga al sistema por más compleja que sea no desvié el objetivo específico de este.

Todo sistema necesita tener buenas bases para que funcione eficazmente incluso el sistema que regula nuestra sociedad, por eso hablamos de reglas sociales (Bases) que guíen lo más complejo de este (Leyes), de forma que toda regla social o ley sean en pro de un bien común y que en lo posible impidan toda injusticia, sobretodo que sin importar el grado de complejidad del sistema social garantice el bien común.

Nosotros como personas también somos un sistema en todo sentido, tenemos bases que moldean lo más complejo de nuestro cuerpo para darnos vida, en la parte de nuestro ser más haya de nuestro cuerpo también somos un sistema con bases en nuestra mente estas bases son nuestros valores, pensamientos y sentimientos que son los que guían las acciones que realizamos cada día, por ello para nosotros es necesario que esas bases que tenemos sean compuestas de las mejores virtudes como las del amor y la felicidad para así tener una buena vida en todo sentido, pues nuestro ser al igual que todo sistema con buenas bases lograra todos sus objetivos.

**El Comienzo de las Leyes:**

Las leyes  siempre serán necesarias en la sociedad pues muchos temas que comprenden la sociedad solamente pueden ser regulados por las leyes, como por ejemplo roces entre nosotros como ciudadanos o la protección del medio ambiente; temas de esta clase muchas veces se vuelven tan complejos que solamente con leyes pueden ser prevenidos y controlados.

Somos libres hasta que nuestra libertad perjudica a otra persona, este  principio debe aplicarse siempre en las leyes para evitar que otros no violen nuestros derechos que es lo que todos deseamos personalmente,  pero también debemos ser conscientes de respetar los derechos de los otros, por ello para evitar toda violación de derechos hay que enseñar bases sociales como la tolerancia y el respeto, a la vez de tener leyes para penalizar a quienes violen los derechos de otros.

Lo primordial de toda ley es que garanticen la convivencia pacífica de toda persona con su prójimo y con su entorno, sin importar su nivel de complejidad lo más importante es que garanticen una armonía social, para ello es necesario que en la sociedad hayan entes que las hagan cumplir de forma eficaz e imparcial además de modificarlas según las necesidades sociales que hay en la sociedad.

Las leyes siempre deben tener buenas bases para evitar que estas generen daños en la sociedad, si una ley impone una injusticia esa ley puede arruinar la sociedad por ello toda ley que perjudique la igualdad de un pueblo debe ser abolida, pues las leyes siempre deben garantizar el bien común por encima de todo.

**Leyes para garantizar una vida digna:**

Todo lo que regule la sociedad debe estar guiado por bases sociales en pro de un bien común, pues solamente así se lograra una sociedad ideal, de este principio se dice que es necesario que las leyes que hayan en la sociedad sean para garantizar una vida digna para toda persona, pues un sistema de leyes no solamente debe ser para penalizar violaciones de las normas en la sociedad, también debe contribuir en lo posible a garantizar una vida digna en todo sentido para toda persona.

Cuando las leyes garantizan los derechos de toda persona de la mano de una vida digna para las mismas la sociedad puede progresar en todo sentido, pues el estado que regule esa sociedad tendrá las bases necesarias para ejecutar todo proyecto con el fin de un bien común, porque muchas veces en muchas sociedad es la falta de leyes las que permiten el aumento de las injusticias y la miseria.

Lograr una vida digna para toda persona en una sociedad es posible cuando hay voluntad y amor para aprovecharlos recursos disponibles de esta para lograrlo, cuando se invierte en la educación, cuando toda persona puede acceder a los beneficios sociales sin restricción alguna, logrando esto y más cosas las leyes pueden ayudar a la sociedad a progresar en todo sentido.

Cuando las leyes garantizan el progreso social se reducen en gran proporción las violaciones de los derechos de cada persona o las violaciones contra el medio ambiente, por ello es necesario que las leyes garanticen una calidad de vida digna pues así se evitaran muchos problemas en la sociedad además de garantizar que toda persona tenga lo necesario para tener una vida armoniosa en todo sentido.

**¿Cómo evitar la corrupción?:**

La corrupción nace gracias a las personas egocéntricas que solo les interesa hacerse ver superiores a otras personas y su bien particular, por ello es importante que se enseñe a realizar el bien comúnen la vida de la mano con los valores éticos desde la plena infancia de las personas y en el transcurso de su vida, pues una persona con buen autoestima y buenos valores no caerá en la corrupción.

La sociedad es la que educa para bien o mal a una persona, por lo tanto si la sociedad es de personas individualistas, aprovechadas de una situación y que solo les interesa enriquecerse de forma fácil sus dirigentes serán corruptos,así halla transición de poder los nuevos dirigentes también serán corruptos porque esa es la cultura de la sociedad; solamente una cultura que enseñe a toda persona a ser feliz por medio del bien común evitara la corrupción, pues los valores a cada persona le aran darse cuenta que no necesitan hacer malos actos para ser felices.

La clave para frenar la corrupción es una educación que enseñe como ser felices practicando una vida con valores en pro de un bien común, por ello necesario incluir en la educación enseñar sobre los valores éticos y el bien común, además de lograr que las personas en su vida sean felices con los frutos de su trabajo y servicio a la comunidad, pues cuando se es feliz en la vida desaparece todo deseo y acto negativo como la corrupción.

La corrupción no es solo por parte de los dirigentes de una sociedad, es todo lo que hace una persona o un grupo por sacarle el mayor provecho para ellos a una situación sin importarles las personas afectadas por esto, por ello para combatir la corrupción es necesario educar a toda la sociedad no solo a sus dirigentes, después de todo un dirigente social es un fiel ejemplo de una persona común y corriente de su sociedad.

Otro factor que ayuda al nacimiento de la corrupción es la tentación, una debilidad de nosotros los seres humanos, pues siempre seremos tentados por situaciones o personas a realizar actos perjudiciales para los demás y nosotros mismos, por ello también es indispensable que se enseñe a evitar la tentación por medio de los valores, el bien común y la paz interior de las personas pues "los malos actos que cometemos siempre nos traerán malos resultados" por ende solamente las acciones que realicemos con amor en pro de un bien podrán darnos los frutos que necesitamos en nuestras vidas.

Para logar que ninguna persona caiga en la tentación de la corrupción, se necesita lograr una calidad de vida para toda persona donde se goce de felicidad, paz, amor, prosperidad y muchas otras cualidades resultantes de hacer las cosas bien, esto solamente es posible con la voluntad de nosotros mismos como personas.

Podemos mirar alrededor de nuestra comunidad como las personas que dan lo mejor de sí mismas por su sociedad son las más felices, incluso sin poseer grandes riquezas logran tener la vida que desea cualquiera una llena de amor y felicidad, por ende no hay excusa alguna que justifique cometer actos como la corrupción, por ello nos es necesario como personas aprender a ser felices compartiendo con nuestros seres queridos en lugar de tratar de serlo acumulando riquezas.

Si nosotros como personas logramos ser felices realizando con amor el bien común en nuestras vidas habremos logrado una vida ideal para nosotros además de contribuir en gran medida a la eliminación de la corrupción en nuestra sociedad, por ello vale la pena decir que la cura ante el mal de la corrupción es el realizar el bien común con amor.

**¿Por qué se evitan los vicios con leyes?:**

Es lastimoso que en nuestra sociedad existan leyes para prohibirle a las personas disfrutar de sus gustos, estas leyes sin duda alguna son muy perjudiciales para la sociedad pues alegrar de la alegría a una persona es de las peores cosas que le pueden hacer, quizás en algunos casos se necesiten leyes para regular el uso de algunas cosas, pero una prohibición total sin dudas es muy perjudicial.

Lastimosamente muchas cosas que dan placer a las personas se vuelven un vicio por causa de un abuso de estas y esto hace que nazcan leyes de prohibición para estas, por ende lo mejor que podemos hacer como personas y sociedad con las cosas que nos dan placer es disfrutarlas pero con moderación, pues todo extremo es malo y la armonía para disfrutar cada cosa está en el equilibrio.

Cuando abusamos de algo que nos gusta nos hacemos daño a nosotros mismos y a nuestros seres queridos, hacemos de algo que nos gusta nuestro amo y esto no debe ser así pues no debemos hacernos dependientes a las cosas, solamente debemos disfrutarlas y aprovecharlas moderadamente sin perder nuestra libertad por nuestro gusto de ellas, además  somos libres hasta que nuestra libertad perjudica a otra persona por ende es justificado el hecho de que se usen leyes para prohibirnos nuestros gustos si abusamos de ellos.

Las leyes de prohibición se enfocan más en prevenir la decadencia de las personas por medio de los vicios que a colaborar a quienes ya han caído en los vicios, por ello como personas debemos ser conscientes en que una vez caigamos en un vicio nos será casi imposible salir de él.

El vicio más polémico de este siglo son las drogas alucinógenas,  que muchos disfrutan, pero causan grandes daños a la sociedad, pero no son los compuestos de esas drogas los que causan el daño, es la desesperación de las personas por acceder al ello, el afán de los estados por ejercer la prohibición, y la codicia de las personas aprovechadas  de estos vicios para lucrarse; todo esto se podría evitar si todo consumidor de estas las usara de forma controlada y responsable además de consumirlas lo más natural posible.

Para evitar que se creen leyes por vicios evitémoslos, evitarlos no es privarnos de algo que nos guste, es no abusar de las cosas que nos generan gusto y disfrutarlas con control y a su debido momento; seamos responsables con lo que nos da placer para que nunca se tenga que prohibir.

**Leyes para proteger el futuro:**

Las leyes que protegen al futuro son importantes pues son para asegurar el bienestar del estado en a largo plazo, son indispensables para proteger factores como el medio ambiente, personas mayores, el patrimonio cultural y cambios sociales, que a menudo se ven amenazados por el progreso tecnológico o social si no están controlados por un sistema de leyes.

Nosotros como personas y como sociedad podemos lograr contribuir en gran medida a proteger los factores a largo y mediano plazo pues con simples acciones nuestras logramos en gran medida prevenir muchos problemas y corregir en gran medida algunos ya existentes como en el caso del problema ambiental, son nuestras pequeñas acciones las que lideraran el cuidado en el futuro de nuestro medio ambiente.

Realizar ahorros independientemente de que sea una ley o no, es necesario para una mejor vida nuestra y para más prosperidad en la sociedad, pues una persona que ahorra puede estar más preparada para una emergencia que una persona que no lo hace, de la misma forma en que una sociedad que ahorre no solamente recursos monetarios sino también recursos puede solucionar una crisis repentina de forma eficaz que una sociedad que no ahorre.

Para garantizar a largo plazo un desarrollo sostenible en nuestra sociedad sería bueno diseñar un sistema de leyes para esto, pues lamentablemente muchas veces algunos sectores de la sociedad predican sobre el desarrollo sostenible pero no diseñar de forma real planes para realizarlo.

La innovación y el emprendimiento es otro factor muy importante que se debe tener en cuenta para proteger el futuro, porque siempre se debe luchar por mejorar las cosas pues los que permiten el atraso de los medios con que subsisten están condenados a desaparecer en cualquier momento, solamente quienes emprender e innovan pueden adaptarse a los cambios del mundo.

Nuestra sociedad siempre necesitara de leyes para que pueda funcionar en orden, leyes que no solamente garanticen una armonía en corto plazo sino que a mediano y largo plazo también haya armonía, leyes que generen un bien común en la sociedad en todo sentido, leyes que generen protección a los derechos humanos y al medio ambiente.

**¿Cómo hacer cumplir las leyes?:**

No basta con que una ley sea buena se deben cumplir pues una ley que no se cumpla no sirve de nada, para que se cumplan las leyes necesitan ser justas, entendibles y en pro de un bien común pues así toda persona puede cumplirlas sin molestia alguna, pues las leyes deben ser para el bien del ecosistema y de toda persona, por ello las personas solamente cumplirán de forma natural las leyes que sean en pro de un bien para ellos y un bien común.

Toda sociedad necesita tener líderes representados en un estado que hagan cumplir las leyes, este estado debe tener liderazgo, carácter, imparcialidad, sabiduría, honestidad y muchas otras virtudes que garanticen que las leyes sean cumplidas y en pro de un bien común; toda rama del estado debe tener estar y más virtudes pues el estado debe ser ejemplo del acatamiento de las leyes y de un servicio en pro de un bien común.

Es también necesario que sin importar el rango de las personas que hacen cumplir las leyes, haya una libertad para aplicarlas, pues citando uno de los principios del famoso libro "El arte de la guerra", cuyas enseñanzas son aplicables a todo campo "toda autoridad pública debe tener autonomía a la hora de encontrarse en una situación donde se viole la autoridad", porque si no fuera así, muchos actos de violación de leyes quedarían impunes si la persona encargada de hacer cumplir la ley no pudiera actuar hasta tener la orden de su superior.

No solamente el estado debería hacer cumplir las leyes, como sociedad sería más viable también que existiera una cultura ciudadana que motivara a los ciudadanos a evitar las violaciones de las leyes cuando ven un caso de estos, pues todos somos parte de esta sociedad y por ende todos podemos ayudarnos a ser mejores personas mutuamente.

Es necesario también que se eduque todo el tiempo sobre la importancia de cumplir las leyes, pero sin duda alguna lo más efectivo es que para asegurar que se cumplan  las leyes es demostrar que se es más placido vivir cumpliendo las leyes que violándolas, pues así logramos contribuir a un bien común y uno personal para nosotros.

### Reflexión Final

*Quisiera destacar que nosotros somos los responsables de nuestro futuro, por lo tanto es indispensable que nosotros mismos nos pongamos reglas que cumplir con el fin de lograr nuestras metas y ser felices; supongo que como nosotros mismos nos creamos estas reglas las crearemos con agrado y pasión si no son así no las realizaremos.*

*Es necesario que las reglas se han parte de nuestra rutina personal y a la vez en lo posible un paradigma social, que estas reglas siempre tengan en cuenta el bien común, que es lo que permite un crecimiento social, económico y espiritual de forma igualitaria para todos, pues el fin de toda regla o ley debe ser mejorar a progresar en todo sentido a la sociedad.*

*Las reglas sociales siempre se deben enseñan, innovarlas y perfeccionarlas cada día con el fin de crear un sistema social justo para todos en donde haya agrado y felicidad, independientemente de los roles que cada persona tenga dentro de esa sociedad, pues una sociedad que pueda garantizarle felicidad a sus miembros no vera males como la delincuencia.*

*Las leyes siempre deben existir en el estado para garantizar que no se viole la libertad de las personas y la protección de factores como el medio ambiente, estas deben ser justas, amables y deben atender las necesidades de la sociedad además de prevenir males para este; hay varias clases de leyes que son indispensables, pero lo más importante es lograr que cumplan con el fin de garantizar un progreso beneficioso para todos los miembros de la sociedad.*

*No basta que haya buenas leyes es necesario acabar con los factores como la corrupción que generan caos y desigualdad, además de tener un  sistema para hacerlas cumplir de forma eficaz,para así garantizar que las leyes puedan ser aplicadas en pro de un bien común.*

## Capítulo 9

## El Comercio

El comercio es lo que en nuestra sociedad nos permite cambiar bienes y servicios, el comercio depende de factores tanto materiales como humanos para que sea posible, sin importar que clase acuerdos comerciales hayan el   comercio debe ser beneficioso para todos los que participen en él.

El comercio siempre será muy importante en toda sociedad, pues si su función de facilitar un intercambio de bienes y servicios cada persona no podría satisfacer las necesidades que él no puede producir y que otros si, por ello el comercio es una de las bases necesarias para lograr un bien común en la sociedad.

El concepto de comercio para que sea beneficioso para esta sociedad necesita ser redefinido, pues desafortunadamente este concepto ha sido modificado por el sistema *capitalista ocasionando en muchas ocasiones un comercio desleal, devastador, innecesario y contaminante hacia el medio ambiente.*

*Tener buenos fundamentos comerciales nos facilitara como sociedad lograr progresar mutuamente además de siempre lograr un bien común con los acuerdos comerciales para todos los sectores de la sociedad como es el estado, la ciudadanía y el medio ambiente.*

**Identifiquemos las necesidades verdaderas:**

Muchos caen en la trampa del consumismo que es:adquirir cosas que no necesitan así seaendeudándose o se privan de cosas que si necesitan solo por adquirir bienes innecesarios, luego de tener aquello que no necesitan ven algo mejor y pierden la satisfacción por lo que habían adquirido antes privándose de la alegría de las cosas verdaderamente importantes en la vida como el amor y frustrándose por no poseer el producto innecesario nuevo,este factor sin duda alguna genera muchos problemas a las personas que caen en esta trampa del consumismo actual como el perder lo verdaderamente valioso o perder su poder adquisitivo.

Desafortunadamente en el comercio actual siempre encontramos muchas cosas innecesarias,  que en un principio creemos que son útiles gracias a los medios de propaganda, pero después de que las adquirimos nos damos cuenta de que en realidad no las necesitamos y solo desperdiciamos nuestro dinero en ello; por ello es necesario que como personas aprendamos a identificar lo que es verdaderamente importante y que como sociedad diseñemos un sistema que reduzca en lo más posible la sobreproducción de cosas innecesarias, pues esto no solamente perjudica a las personas sino que también perjudica al medio ambiente.

Hay que definir nuestras necesidades, las primeras necesidades que tenemos son las básicas, las que siempre hemos necesitado y siempre necesitaremos, como son alimentos, aseo y hogar; las otras cosas que no están dentro del grupo de las necesidades básicas de hecho no se deben llamar necesidades sino lujos,  estos lujos se puede decir que son un arma de doble filo, pues nos pueden entretener y dar buenos momentos, pero a la vez nos quitan presupuesto y tiempo, que puede ser perjudicial a cierto plazo por ende hay que aprender a controlar de forma moderada nuestro deseo por adquirir algún lujo.

No tenemos que privarnos de las cosas que nos gusten, lo que tenemos que hacer es antes de adquirir cualquier cosa es primero identificar si ello es lo que realmente queremos, luego identificar como adquirirlo sin perjudicar nuestras finanzas y finalmente aprovecharlo sin abusar de él porque todo extremo es malo.

Pero más allá de las necesidades físicas, es la necesidad del hombre de realizarse la que más necesita satisfacer pues solo con esta podrá ser triunfar en su vida y ser feliz, para lograr satisfacer esta necesidad necesitamos voluntad y amor de nuestra parte para compartir lo mejor de nosotros con nuestros seres queridos y nuestra sociedad en pro de un bien común, pues solamente satisfacer esta necesidad que es la que nos hace sentir las cosas más bellas de la vida como es la alegría o el amor es posible dando lo mejor de nosotros a los demás, si satisfacemos esta necesidad de realizarnos como personas no tendremos la necesidad de adquirir lujos pues nuestra necesidad mayor habrá sido satisfecha.

**Desapego a lo material, para no ser esclavo del comercio:**

El comercio no tiene nada de malo, lo malo es como la gente actúa frente a él, pues cuando las personas desarrollan necesidad de adquirir varios productos para estar bien y se apegan a ellos, esto hace que se vuelvan esclavos del comercio y desafortunadamente hay muchos que se aprovechan de esta situación.

No debemos apegarnos a lo material, ya que el apego nos perjudica en todo aspecto, lo material son cosas que nos pueden ser útiles pero no debemos volvernos dependientes de estas cosas, por ello siempre debemos hacer lo más posible de manera propia para así desarrollar nuestras habilidades e inteligencia y no depender al extremo de lo material; pues ya que está comprobado que el uso masivo de materiales en exceso le quita responsabilidades a nuestra mente y cuerpo haciéndonos dependientes a ellos.

Cuando tengamos bienes materiales procuremos además de no apegarnos a ellos que sean beneficiosos en todo sentido para nosotros, porque podemos cometer el error de adquirir bienes inútiles, toda posesión que tengamos debe ser útil en nuestra vida y si no es así lo mejor es no tener dichas cosas.

Para no desarrollar la necesidad de adquirir bienes, son necesarias muchas actitudes de parte de las personas por sí mismas, primero deben valorarse a sí mismos, debe valorar más a los amigos y demás personas del entorno, con nuestra sociedad debemos buscar experiencias y sentimientos gratos, la gente que normalmente solo satisface sus necesidades con bienes es porque les falta socializar con su prójimo.

Todos podemos lograr desapegarnos de las cosas materiales, pues así muchas veces los medios de comunicación nos manden mensajes de que esto lo deseamos, si dominamos nuestro ser podremos aprender a resistir toda tentación y aprovechar las cosas que verdaderamente satisfacen a ser humano como dar lo mejor de sí por un bien común.

**El comercio debe ser "Ganar Ganar":**

El comercio nació de la necesidad de intercambiar bienes y servicios además de beneficiar a las partes participantes, por ello en todo negocio ambas partes deben ganar, desafortunadamente muchas personas por muchos factores cuando hacen un trato solo esperan sacar un bien personal de este, por ende algunas malas personas usan el comercio para beneficiarse solamente ellos sin importar la situación de la otra parte del negocio.

Las consecuencias de las negociaciones duran toda la vida, y parte del éxito de una parte depende de cómo negocie tanto social como individualmente,negociar nos ayuda a vivir con menos conflictos y en mayor armonía con nuestros semejantes, mejora las relaciones interpersonales y hace más fácil el logro de las metas personales y profesionales en todos los ámbitos de la vida; pero no solo debemos tener en cuenta nuestras necesidades, también las de los demás pues solamente logrando negociaciones en pro de un bien común las personas de la sociedad podrán intercambiar el producto de sus trabajos en armonía.

Lograr acuerdos "Ganar Ganar"es que los acuerdos o soluciones beneficiosos para todas las partes participantes, es ver la negociación como un escenario cooperativo en pro de un bien común, no como uno competitivo en pro de un bien individual. Se basa en el paradigma de que hay mucho para todos, de que el éxito de una persona no se logra a expensas o excluyendo el éxito de los otros sino cuando trabajamos en un bien común todos ganamos incluso si algunas veces sedemos en nuestros intereses.

Para que logremos negociaciones "Ganar Ganar" necesitamos ciertas cualidades humanas de gran importancia como: La Integridad que es el valor que nos atribuimos a nosotros mismos; La Madurez el equilibrio entre el coraje y el respeto;Mentalidad de abundancia que nos ayuda a pensar que en el mundo hay suficiente para todos; y finalmente confianza pues esta es la base para lograr cualquier acuerdo.

La negociación ¨Ganar Ganar¨ es la única que beneficia a todas las partes, para lograrla se necesita pensar en el Bien Común, pues esta negociación requiere sacrificios como ser flexible ante las necesidades de otros, pero sin ceder demasiado nuestras necesidades para así crear un bien común.

**Lo que no se debe comercializar:**

Hay cosas que no se deben comercializar, como los valores y la educación; la sociedad siempre necesitara de estos factores, por ende estos deben ser accesibles para toda persona, comercializarlos, negociarlos y ponerles precio es algo que inunda a la sociedad de desigualdad y problemas por ello muchos países actualmente están en medio de la miseria.

Los valores y principios son lo que conforman a una persona, si  alguien vende sus principios está demostrando que su autoestima es muy bajo, aunque cada persona es autónoma de vender sus valores y principios,  esto nunca se debe comercializar, porque una sociedad donde cualquiera vende sus principios y valores  no tendría nada valor morar y estaría sumergida en crisis como por causas como la corrupción, la avaricia entre otros; por ello cada uno de nosotros debe auto valorarse, darse cuenta que es único y que valemos tanto que no hay precio por nosotros, cuando cada persona en la sociedad se vea tanga unos principios que no tengan precio las personas no venderán sus principios por cosas perjudiciales para la sociedad y ellos mismos.

La educación debería ser gratuita en toda sociedad, pues la falta de educación dejara en atraso a cualquier sociedad hasta  que colapse totalmente, aunque todo ser aprende algo cada día solamente estando vivo la educación no se puede comercializar pues solo con esta una persona y una sociedad estarán preparados para resolver problemas o lograr mejorar su calidad de vida con de forma eficaz, por ello la educación debe ser un derecho para todos pues esta empuja al progreso e innovación a la toda persona y sociedad.

Como la educación es algo que no debe tener precio lo ideal sería diseñar un sistema donde esta pueda ser accesible para todos y tenga calidad, pues una educación sin calidad no lograra educar a las personas de forma ideal, el sistema de educación debe guiar a las persona a estudiar lo que les apasione pues de no ser así muchos perderían el rumbo de sus vidas; otro aspecto importante de la educación es que cada persona debe tener responsabilidad sobre su educación pues la educación ayuda a las personas a ser mejores pero esa educación solo entrara en la persona por voluntad de ella.

Los valores, la educación y muchas más cosas no se debería negociar pues estas cosas siempre serán invaluables y a la vez vitales para lograr una sociedad prospera en todo sentido, pues si una sociedad comercializa todo en absoluto pierde el sentido humanitario y digno que debe tener, por ello como personas y sociedad debemos aprender a valorar las cosas que no tienen precio como la dignidad o el conocimiento.

### ¿El trueque es viable?:

 Antes de la aparición de la moneda la forma para intercambiar bienes y servicios era el trueque, para realizar un trueque solo era necesaria la propiedad privada de cada parte, esta forma de intercambio comercial aún se usa en nuestros días por lo que podríamos decir que en muchas ocasiones es viable pues si no ha desaparecido del todo significa que este aun es útil para muchos.

El trueque como medio comercial siempre será viable desde que las bases del intercambio comercial sean ¨Ganar Ganar¨, desde que cada parte conozca el valor estimado de su posición y desde que haya sinceridad de las partes para lograr un bien común, en forma sencilla de decir el trueque al igual que el sistema comercial puede generar un bien común solamente si en ellos a un compromiso sincero de las partes que lleve a un ¨Ganar Ganar¨, pero si no es así el trueque como medio de comercio no será viable por factores como la envidia, el egoísmo o la avaricia.

El truque posee las ventajas de que se puede hacer la negociación sin necesidad de capital monetario, ampliar las relaciones comerciales entre las partes, reducir gastos financieros, deshacerse de algo innecesario por algo necesario, entre otras; pero también posee desventajas como la demora más encontrar una parte con quien hacer la negociación, que se debe hacer de manera directa sin intermediarios y  tiene un valor más bien simbólico según la necesidad  más que un valor monetario, estas y otras desventajas hacen que el trueque necesite ser analizado concienzudamente para lograr que este sea viable a largo plazo.

En muchos casos cuando hay crisis económicas el trueque surge como una alternativa para comercializar sin dinero,  por ello el trueque es viable en todo sentido, lo único que se hay que tener en cuenta para que el trueque sea viable es que las partes conozcan muy bien el valor de sus bienes y la urgencia de sus necesidades, además de que las partes realicen el acuerdo solamente con el propósito de un ¨Ganar Ganar¨.

**Comercio con Intermediarios:**

Los intermediarios en un intercambio comercial son quienes comercializan y facilitan la negociación ente el vendedor o productor con el comprador, los intermediarios en negociaciones de trueque no son recomendados, pero en una negociación con dinero pueden ser de gran ayuda pues por ejemplo: un gran productor le quedara difícil atender a su comprador o a un comprador por cuestiones de tiempo le queda difícil ir donde un productor por ello recurriría a un intermediario.

Un intermediario debe ser una persona que tenga valores y compromiso de servir a un bien común para prestar su servicio de forma correctapues si se elige un intermediario que solo piense en sí mismo este perjudicara toda la negociación haciendo que una de las partes pierda solamente por su bien personal; al igual que  todo campo de trabajo las personas que ejercen esta labor deben ser personas con valores éticos que piensen en un bien común y no se aprovechen de sus poderes.

Los intermediarios surgieron por las necesidades de facilitar la distribución de los productos y de equilibrar las discrepancias entre las partes de la negociación; en los casos donde son distantes las partes son fundamentales los intermediarios pues solo con estos se puede realizar el acto comercial, estos deben ser abiertos y amigables a toda cultura, también deben asumir la necesidad de transportar los bienes de una parte a otra, por ello es que son fundamentales en muchos acuerdos comerciales.

Por ultimo para una buena comercialización con intermediarios a escala personal o social, es necesario que los intermediarios tengan un pago justo por su trabajo que las otras partes deben cuadrar con él, un pago en que ninguna de las partes salga perdiendo y  que deje un ¨Ganar Ganar¨ para todas las partes.

**La Competencia leal:**

En el comercio actual encontramos varias ofertas algunas más económicas que otras, donde se consiguen bienes de muchos tipos, normalmente los productos más innovadores son más costosos que los tradicionales esto es justo por el valor agregado, esta competencia entre lo tradicional y lo innovador tendría demanda para ambos sectores por lo cual sería una competencia leal.

Lamentablemente en nuestra sociedad muchos no generan competencia leal sino competencia desleal gracias a una cultura individualista y oportunista, desafortunadamente la competencia desleal acaba empleos de muchos y genera grandes problemas en la sociedadcomo por ejemplo: en un pequeño pueblo funciona un negocio y va bien, hasta que llega una competencia que pone los precios más bajos para que le compren a él, el primer vendedor tiene dos opciones dejarse sacar del mercado o reducir precios para competir, si toma la segunda ambos reducirán el precio y si no establecen parámetros para una competencia justa y leal, solo se beneficiara el comprador con precios bajos y ellos obtendrían poca ganancia. Otro ejemplo es un vendedor con muchos más recursos de manera muy fácil puede quebrar otro que no posee igual cantidad, muchos casos de estos siempre se ven y generan competencia desleal, por lo cual sería ideal fortificar los sistemas comerciales para impedir la competencia desleal.

Una responsabilidad de los líderes de la sociedad y de los propios comerciantes debería ser garantizar una competencia leal y con igualdad de oportunidades para todos, para garantizar una competencia leal es necesario establecer precios límites para todo bien y servicio para así garantizar que comerciantes con pocos recursos puedan competir con los que tienen más capital.

La competencia leal no solo beneficia a los comerciantes, también beneficia a los compradores y al estado pues esto garantiza precios justos y más recursos para arcas públicas, además cuando hay competencia leal en una sociedad hay igualdad de oportunidades para progresar y emprender.

Es necesario no solo competir con la calidad de servicios e innovaciones, es necesario que la actividad comercial sea en pro de un bien común pues si esto no es así la competencia desleal contribuirá a muchas injusticias en esta sociedad, sería ideal que como comerciantes nos esforzaramos en prestar un servicio honesto, cordial y agradable.

### *Reflexión Final*

*El comercio es lo que une a las personas en una relación para satisfacer necesidades de unos y otros, pero si el comercio no se realiza bien puede generar injusticias, malas relaciones, daños al ambiente y muchos otros perjuicios, por ello es necesario que toda relación comercial logre acuerdos ¨Ganar Ganar¨.*

*Es necesario para evitar perjuicios identificar las necesidades verdaderas y desapegarse a las cosas materiales innecesarias pues cuando alguien se apega a algo se vuelve dependiente a tal grado que es vulnerable y se hace esclavo de a lo que se apega.*

*Hay cosas que no se deben comercializar como lo son los valores y la dignidad de cada persona, además de la educación que debería ser accesible a toda persona; hay muchas formas de comercio y negociaciones, lo ideal es lograr que el comercio beneficie a todas las personas que participen en él y al resto de la sociedad.*

*Pero solo con valores éticos y pensando en el bien común el comercio sea próspero y útil para todos, pues si una actividad comercial se realiza con el deseo de lograr un bien individual, esa actividad comercial traerá muchos problemas para las partes del acuerdo, pues el egoísmo siempre impedirá el bien común y dará paso a grandes problemas como los conflictos.*

**Capitulo10**

**Recreación para dar prosperidad**

Cuando una persona puede recrearse es más feliz y solidaria, pues la recreación es necesaria para que toda persona no caiga en la rutina que es muy perjudicial para nuestro ánimo, pues cuando se cae en la rutina nacen problemas como la depresión, la amargura, la pereza entre muchos otros que perjudican a la persona que los parece y a su prójimo.

Todos merecemos y necesitamos recrearnos en nuestra vida pues así trabajemos en algo de nuestro gusto en un ambiente agradable y con personas cordiales, toda rutina en *extremo nos cansa, por ello es ideal cambiar de rutina y recrearnos constantemente pues si no es así la rutina para nosotros puede ser fatal.*

*La recreación no solamente nos permite escapar de la rutina, con ella también podemos aprender mucho y desarrollar habilidades en nuestra vida pues una actividad recreativa nos enseña cosas que muchas veces una actividad rutinaria no lo aria, por ello la recreación también es necesaria para nuestra educación.*

**Organizar el tiempo:**

La recreación es para nosotros muy importante, nos saca de la rutina dándonos momentos de alegría y oportunidades de adquirir conocimientos, pero como extremo es malo debemos acceder a esta de forma equilibrada con nuestros deberes que componen nuestras rutinas, pues si solo nos dedicamos a recrearnos nos estaríamos causando un daño igual de grande que si solo estuviéramos realizando nuestra rutina.

Sería ideal que pudiéramos aplicar la recreación en todas nuestras rutinas, pero en algunos casos esta presenta algunos choques con otros factores por lo que es necesario que organicemos un espacio para acceder a ella sin descuidar otras cosas, pues solamente organizando nuestro tiempo podremos realizar todo lo que necesitemos hacer sin tener problemas.

Lograr un equilibrio entre factores como nuestros deberes con espacios de descanso y recreación es cuestión de disciplina, organización y orden de nuestro tiempo, si logramos dicho equilibrio podremos disfrutar de la recreación sin descuidar nuestros deberes, por ello la clave para hacer eficiente nuestro tiempo es la organización de la mano con la disciplina.

Nunca debemos privarnos de la recreación pues esta nos da experiencias, diversión, además de que es un tratamiento para descansar cuerpo y mente; los que se privan de la recreación son generalmente propensos a ser infelices y por ende a realizar mal sus deberes, por ello es que nuestra sociedad debe impulsar la recreación pues una persona infeliz perjudica en gran medida a su prójimo de la misma forma que una persona feliz ayuda en gran medida a su prójimo.

**Recreación para toda edad:**

Un grave error que cometen las personas es pensar que la recreación es solo para los niños, el ser humano siempre necesitara de esta sin importar su edad; por lo tanto todos debemos acceder a la recreación pues si nos privamos de esta nos estamos perjudicando en gran medida porque nuestra vida se llena de estrés, amarguras y aburrimiento.

Nuestra recreación va variando de acuerdo con nuestros gustos y nuestra edad, esto debemos tenerlo en cuenta para saber cómo recrearnos, no podemos recrearnos con lo que nos recreábamos cuando niños o como personas maduras con lo de nuestros tiempos jóvenes, pues si hacemos esto dicha recreación no nos alegrara la vida sino que nos aburrirá o algo peor.

De acuerdo con nuestra edad son nuestros gustos quizás algunas veces nuestros gustos sean los mismos toda la vida pero no todas las veces es así, por ello siempre se debe madurar y evolucionar mentalmente con nuestra edad, pero no importa qué edad tengamos siempre necesitaremos hallar métodos para recrearnos.

Por ultimo por madurar y buscar formas de recreación conforme nuestra edad, no significa que si nos siguen gustando cosas de nuestra niñez o juventud debamos privarnos de ellas, después de todo todos debemos conservar algo de ese espíritu de niños para ser felices.

**La recreación ideal:**

Por recreación, se entienden muchas cosas, hay varios tipos de recreación, pero se debe buscar la recreación ideal a nuestros gustos y necesidades, porque somos nosotros mismos quienes sabemos lo que necesitamos y nos gusta, pero a veces debemos pensar detallada mente que queremos para no cometer errores.

Después de mirar y descubrir las recreaciones que de verdad nos gusten, hay que mirar lo que nos aportan a nuestro conocimiento y habilidades, si aportan a nuestras habilidades y conocimientos esta es una recreación ideal; sino debemos analizar bien dicha recreación pues si no nos aporta habilidades ni conocimientos, así nos de felicidad puede ser perjudicial en muchos casos como por ejemplo puede generarnos adicción.

No todas las recreaciones son buenas, hay algunas que son perjudiciales y por lo tanto no se derivan llamar recreaciones; las que son perjudiciales son aquellas que son  adictivas o no dejan enseñanza alguna y que pueden ser un engaño en el sentido que no nos da diversión sino que al contrario degeneran nuestro ser.

Es importante desarrollar nuestros gustos y saber identificar nuestras necesidades para no caer en recreaciones falsas o inútiles, esto le suele suceder mucho a las personas que no han aprendido a valorarse o a descubrir cuál es su pasión por la vida, por lo cual debemos conocer detalladamente cualquier recreación antes de acceder a ella.

**Recreación con los demás:**

Nosotros los seres humanos siempre necesitaremos contar con otras personas en muchos aspectos de nuestra vida, en la recreación esto también es importante pues una recreación en grupo siempre nos será útil para aprender a socializar, para poder recrearnos con los demás no es necesario disponer de la valores como la tolerancia, el respeto de la mano con la voluntad para disfrutar de aquellos momentos que pasemos con otras personas.

La recreaciones con otras personas siempre son buenas, pero es necesario conocer bien las personas con las que compartimos estos momentos pues cuando compartimos con alguien esta persona nos puede ayudar a ser mejores o pueden ser malas influencias para nosotros, no solo en cuestión de escoger que tengan gustos similares, también que no sean una mala influencia ni que violen nuestra privacidad o nos falten al respeto, porque sin dudar una amigo que sea así en realidad no es un amigo y por ende debemos sacarlo de nuestras vidas.

Es bueno acceder a una recreación con los demás, pues esto nos ayuda a ser mejores personas en todo sentido, nos enseña grandes cosas y nos ayuda a crecer personalmente; además de que es una de las mejores formas de hacer amistades; por ello no debemos aislarnos de estas actividades sino participar en estas si vemos que nos pueden divertir.

En la recreación con otros también aprendemos unos de los otros, por lo cual también la recreación sociales muy importante para la educación de la sociedad; como con la recreación social aprendemos bastante sobre nuestro prójimo esta siempre nos será útil para tratar nuestras relaciones con otras personas no solamente en hábitos recreativos, también en trabajos o cualquier otro tipo de relación.

**Recreación Personal:**

Así como nosotros necesitamos recrearnos con las demás personas para mejorar nuestra convivencia social y sentido común, es también necesario que nosotros mismos nos recreemos de forma personal para mejorar las cosas que solo nosotros mismos podemos mejorar como por ejemplo nuestra paz interior.

Es bueno que cada uno de nosotros se dé tiempo para conocerse a sí mismo y desconectarse de la sociedad para descansar de ella, pues recordemos que recreación también implica descansar, cada uno de nosotros necesitamos descansar de forma física y espiritual para hallar la paz y las reflexiones que tanto esta buscando.

Para descansar de forma física y espiritual necesitamos hacerlo de forma personal, pues en grupo siempre habrá circunstancias que motive a los demás a posponer nuestro descanso, tal vez algunas veces las actividades en grupo nos ayuden de forma espiritual, pero siempre es nuestra voluntad de relajarnos las que nos permite meditar y acceder a nuestra paz interior.

No solo los descansos son el único tipo de recreación personal que necesitamos, la idea de la recreación personal es también ayudarnos a encontrar lo que nos apasiona, para que podamos mejorar como personas, lo que da amor a nuestras vidas y cómo podemos aportar al bien común.

Por último es importante que accedamos a la recreación personal y a la social de forma equilibrada y responsable, porque las dos son necesarias pues son parte de nuestras necesidades humanas, por ello solo disfrutando de estas podremos disfrutar de todo lo que comprende la recreación a plenitud.

**Responsabilidad del Estado en la Recreación:**

El estado que regule y controle una sociedad debe tener en cuenta que algo que necesita la sociedad es la recreación, pues si un estado facilita la recreación para toda persona la sociedad será más feliz, armoniosa, prospera y pacífica, pues la recreación ayuda a una persona a estar bien con sí misma y su sociedad,  a ser feliz, a adquirir conocimientos y a dar lo mejor de sí en sus trabajos.

Es lamentable que actualmente en esta sociedad pocas personas puedan acceder a la recreación pues en la mayoría de naciones la recreación de las personas ellas mismas deben pagar por esta, sería ideal que estado diseñara planes para recrear a toda persona sin que esta tenga que invertir en esto que debe ser un derecho pues es parte de las necesidades humanas, esta inversión a la larga daría grandes resultados pues contribuiría en gran medida a un bien común.

Invertir en la recreación no necesariamente significa gastar altos presupuestos en ella, solamente con invertir en la imaginación y creatividad de algunos se puede dar recreación, por ejemplo: si la recreación se aplicara en los edificios gubernamentales o sitios que requieran espera por turnos esto no sería martirizante, hay miles de formas de realizar recreación no necesitan que se gasten presupuestos o recursos.

Recreación para toda la sociedad si es posible un claro ejemplo de ello es como esta se podría hacer realidad desde los colegios, al igual que en otras áreas como las laborales, como se dijo antes para una recreación no es necesario gastar presupuesto, solo tener intención, imaginación, voluntad, energía positiva y creatividad.

***Reflexión Final***

*La recreación sin duda es muy importante para todas las personas, sin importar cultura, creencias o edad; por lo tanto siempre debemos tener tiempo para disfrutar de ella sin afectar nuestras responsabilidades, pues debe existir un equilibrio entre nuestra recreación y nuestras responsabilidades.*

*Debemos buscar una recreación ideal con los demás y personalmente, debemos buscar tipos de recreación que  nos den felicidad, conocimientos, amor y demás virtudes que nos ayuden a ser mejores personas con los demás y con nosotros mismos, pues si una recreación no cumple con darnos alguna de estas virtudes esta puede ser perjudicial para nosotros.*

*Como sociedad debemos unirnos para lograr y compartir cualquier tipo de recreación pues cuando toda una sociedad puede acceder a la recreación esta es mejor en todo sentido y por ello se logra un bien común, por ello todo esfuerzo de un líder de la sociedad por lograr recreación beneficiara en gran medida a todas las personas que participen en esta actividad.*

**Capítulo 11**

**En nosotros mismos esta una importante llave para lograr el Bien Común de nuestra sociedad.**

*No importa cuánto estudiemos o conozcamos sobre el bien común siempre en nosotros estará algo único que es una gran llave para lograr un bien común en nuestra sociedad, pues todos tenemos una misión en esta vida que es ser felices y hacer a otros felices, en resumidas palabras contribuir a nuestro bien particular y común.*

*Todos tenemos un gran potencial que necesitamos desarrollar con amor para lograr que este nos ayude a lograr nuestro objetivo de ser felices y contribuir a un bien común, solamente nosotros podemos descubrir y perfeccionar nuestras fortalezas y debilidades por lo cual nos es necesario dar con amor y pasión lo mejor de nosotros para nuestra sociedad pues solo así lograremos nuestro bien y el bien común.*

*Con que nosotros demos lo mejor de nosotros habremos contribuido en gran medida a un bien común pues si damos lo mejor de nosotros seremos como una luz que radie alegría a todo nuestro alrededor, por ello la mejor forma de realizarnos es contribuyendo a un bien común.*

**Pensemos siempre en el bien común:**

Es curioso que la forma en que logramos nuestro bien propio es contribuyendo al bien común, es por ello que no importa si tenemos bastas riquezas o una vida sencilla, que no importa cuántos conocimientos tengamos, solo importa que lo que tengamos nos nazca compartirlo con nuestros seres queridos y nuestro prójimo, pues solamente las cosas que se comparten con amor son las que logran llenar de alegría el espíritu de las personas porque algo guardado de forma egoísta no da nada de satisfacción en comparación con algo que se comparte con amor.

Realizar en nuestras vidas el bien común más que contribuir en gran medida a mejorar nuestro entorno nos realizara como personas al punto de ayudarnos a lograr una vida llena de amor y felicidad que es lo más importante para toda persona, porque realizar el bien común es lo que hace que podamos disfrutar la vida a plenitud, algo que nada material puede hacer.

Pensar de forma desinteresada en el bien común nos ara fuertes y sabios pues son nuestros pensamientos en el bien común los que nos ayudan a mejorar cada día como personas en todo sentido, pues solamente cuando deseamos mejorar personalmente por lograr un bien común lo logramos hacer, porque cuando queremos mejorar de forma egoístas no logramos jamás nada.

Todos podemos realizar un bien común, pues todos tenemos habilidades únicas con las cuales podemos servir a nuestro prójimo, el bien común más que ser  aplicado en un sistema social, político o económico debemos aplicarlo en nuestras vidas pues es este el que llenara de amor y alegría nuestro ser.

**Quien realiza el bien común le queda gustando:**

Cuando se realiza el bien común de forma desinteresada la sensación de satisfacción que sentimos es tan grande que compensa todos nuestros esfuerzos por esta labor, es por ello que personas como Gandhi daban su vida por el bien común de su prójimo incluso si esto requería miles de sacrificios de su parte, pues la satisfacción y amor que sentían al realizar el bien común compensaba todo esfuerzo que tuvieran que realizar.

No importa que actividad sea si se hace con amor pensando en el bien común esta nos quedara gustando o así no nos gustase al nosotros ver que nuestro sacrificio alegro la vida de nuestros seres queridos, esto nos gustara tanto que no dudaremos en realizar esta actividad una vez más pues ver la sonrisa de quien amamos nos da la satisfacción que ni el mejor regalo puede darnos.

Vale la pena decir de nuevo que si realizamos el bien común más que mejorar nuestro entorno estamos mejorando nuestro ser, por ello es que siempre la mayor inspiración que podemos tener para realizar cualquier labor será el pensar en el bien de nuestros seres queridos, nos mas podemos darnos cuenta de esto cuando realizamos algo con el propósito de alegrar a alguien que amemos.

**Demos lo mejor de nosotros para nuestro prójimo:**

Hay mas dicha en dar que en recibir, por ello quienes dan lo mejor de si con amor a su prójimo hallan una dicha mayor que quienes reciben algo por parte de sus seres queridos, porque el se humano siente la necesidad de realizar se como ser y sentirse útil, y esto solamente lo puede lograr cuando contribuye a un bien común.

Dar lo mejor de nosotros a nuestro prójimo es muchas veces la clave para descubrir cuales son las cosas que nos apasionan realizar en nuestra vida, pues cuando nos proponen realizar algo a cambio de un pago nuestra motivación es realizarlo por el pago pero cuando hacemos algo porque nos nace es el amor nuestra motivación por ello realizando esa cosa voluntariamente descubriremos si aquello en realidad nos apasiona o no.

Las personas verdaderamente ricas no son las que mas posesiones tienen, sino las que menos necesitan y pueden compartir sin problema lo que poseen; pues cuando alguien comparte lo que tienen con amor ha vencido el apego a lo material, se a liberado de las tentaciones de este mundo y comprende que lo que es verdaderamente importante en este mundo es tener amor y felicidad.

No importa que tengamos, que seamos, en donde estemos o que adversidades estemos pasando si tenemos voluntad podemos dar lo mejor de nosotros para contribuir a un bien común, pues las cosas son que realicemos son verdaderamente grandes cuando las hacemos con amor con el propósito de colaborar a un bien común.

**Nuestros actos pueden cambiar el mundo:**

Lo mejor que podemos hacer para contribuir a cambiar el mundo es dar ejemplo para ello con nuestros actos de superación personal y servicio en pro de un bien común, pues una opinión quizás influya en una transformación, pero son los actos los que generan el cambio, por ello si tenemos voluntad de cambiar nuestros actos podremos contribuir a cambiar este mundo.

Si creemos en nosotros podemos lograr todo lo que deseemos, porque si creemos en nosotros podemos ejecutar todos nuestros actos en pro que sean un ejemplo para mejorar el mundo, pues es creer en nosotros mismos siempre será muy importante para que podamos realizar cualquier proyecto que nos propongamos.

Podemos cambiar al mundo sin importar circunstancias, pero también debemos tener en cuenta que para ello necesitamos ir cambiándonos al tiempo, pues solamente cuando hayamos mejorado todas nuestras falencias será cuando tendremos todo lo necesario para poder cambiar nuestro mundo.

**Solamente nosotros seremos los que hallaremos la respuesta a cómo podemos aplicar el bien común en nuestras vida para encontrar la felicidad que tanto soñamos:**

Más allá de las cosas que nos digan o veamos solamente nosotros podemos hallar la forma de dar lo mejor de nosotros por un bien común y ser felices con esta acción, pues cada uno de nosotros tiene una misión en esta vida que solamente la hallaremos cuando tengamos voluntad de servir a nuestros prójimo sin esperar nada a cambio.

Sea cual sea el camino que tomemos en esta vida solamente si aportamos nuestro servicio a un bien común conseguiremos sentir la felicidad, pues cuando decidimos optar por realizar las cosas de forma egoísta nuestro ser cada vez se sentirá más inconforme con la vida porque es el bien común lo que puede garantizarle a cada persona poder disfrutar del amor y de la felicidad.

Lograr encontrar nuestro propósito en la vida no siempre será fácil, pero sin duda alguna la mejor manera de iniciar esta búsqueda es dar lo mejor de nosotros a nuestra sociedad porque así es como podemos descubrir las cosas que necesitamos para sentirnos felices, con amor y para contribuir con un bien común.

El Bien Común siempre será la calve para que tengamos un vida feliz y llena de amor en todo sentido por ello todo esfuerzo nuestro en realizarlo siempre valdrá la pena, si como sociedad todos contribuyéramos a un bien común sin esperar nada a cambio viviríamos en un paraíso, porque si solamente una persona realiza el bien común mejora enormemente su entorno toda una sociedad que lo practicara seria perfecta.

## Reflexión Final

*Todos tenemos un potencial inimaginable que nos permite lograr cualquier cosa que nos propongamos, incluso cambiar el mundo, pues si decidimos mejorar cada día podremos iluminar nuestro mundo en gran medida solamente con nuestro ejemplo, pues quienes cambian el mundo son quienes creen en sí mismos hasta superarse y luego contribuyen a un bien común.*

*No importa en qué parte estemos ni que circunstancias estén presentes, nuestro ser puede ser una luz que irradie amor y felicidad para nuestro prójimo y nosotros mismos si estamos dispuestos a realizar un bien común sin esperar nada a cambio, pues quienes den lo mejor de sí por un bien común logran adquirir virtudes guiadas por el amor que les dan un poder inimaginable.*

*Nuestra sociedad seria grandiosa si todos practicáramos el bien común, pero como esto no es así solamente nos queda dar ejemplo de cómo practicar el bien común puede darnos una alegría añorada que no podemos lograr con comportamientos egoísta, ese es el ejemplo que nuestra sociedad necesita para que pueda prosperar definitivamente.*

*Nadie puede decirnos cuál es nuestro propósito en el mundo solamente si nos decidimos a buscarlo lo encontraremos, pero que sí es seguro es que solamente tendremos felicidad y amor en nuestras vidas si en lo que decidamos dedicarnos contribuimos al bien común.*